超文系人間のための
統計学トレーニング
「数字を読む力」が身につく25問

Kotatsu Saito
斎藤　広達

PHP
Business Shinsho

PHPビジネス新書

はじめに──統計学で「世界の秘密」が見えてくる

▼「世界の秘密」って、どこに隠されているのだろう

「なぜこの商品は売れているのか？」
「なぜこのアプリは盛り上がっているのか？」
「このユーチューバーが人気なのはなぜか？」

こうしたいわゆる「成功事例」の裏には、なんらかの法則があるような気がするものです。

そして世の中には、成功事例の裏にある法則や要因を解き明かしたとするコンテンツが溢れています。経験や思考トレーニングを積んだコンサルタントが分析したものから、怪しげな輩《やから》による洗脳セミナー風のものまで……。正直、内容は玉石混淆《ぎょくせきこんこう》で、きちんとした分析に基づいたものもあれば、単なる意見や感想でしかないようなものも数多く存在します。

それはわかっていても、仕事でもプライベートでも、何かがうまくいかないとき、ついそうしたコンテンツにすがりたくなります。きっと世の中には成功の秘密があって、その秘密を知ればきっと、世界がクリアに見えるようになり、やることすべてが成功するに違いない、と……。

でも実際には、世の中はそんなに単純ではありません。

中学生のときに習った数学のように、「xがわかればyが自動的にわかる」といったシンプルな法則はなかなか通用しません。学生の頃は勉強すればするほど点数が上がりましたが、仕事となるとそう単純な話ではなく……。

昔の私もそうでした。何が正解なのかわからず、上司から箸の上げ下げまで注意される毎日だったのを思い出します。

こんな生活から抜け出すため、成功の秘密を見つけるため、もっと勉強しなくちゃ。若かりし日、こうした思いを抱えて過ごしていました。

▼あなたはすでに「統計学」を知っている?

そんな中で出会ったのが、「統計学」でした。もともと、超がつくほどの文系人間だった私ですが、一念発起して進んだアメリカの大学院で統計学を学び、コンサルティングの世界に。その後、Ｐｙｔｈｏｎを使ったデータ解析や機械学習を学び、今はそうしたデータ解析やＡＩに関する仕事も数多く手がけています。

その間、ずっと「統計学」と接してきました。そして、以前抱えていたモヤモヤも、徐々にではありますが晴れてきた気がします。

もちろん、「統計学を身につければ世界の秘密がすべてわかる」と言えるほど、魔法のようなツールではありません。しかし、統計学を身につけることで、

・毎日の生活が、ちょっとだけ違って見える
・仕事で何をすべきか、数字を使ってこれまでよりもクリアに考えられるようになる
・世の中の動きやトレンドを、統計学の視点で分析できるようになる
・そして何より、不確実で不可思議なこの世界を、ちょっとだけ理解できるようになる

……それが統計学の魅力であり、統計学が持つパワーです。

そんな統計学のすごさを体験してもらいたいと思い、本書を書き上げました。
数字や統計に関する本は過去に何冊も出してきました。今回はこれまでとはアプローチを変え、「日常や仕事に役立つ」ことに力点を置き、クイズを軸に楽しみながら統計学を理解してもらえるような内容にしています。

ビジネス書の著者としてデビューした頃からの旧友でもあるＰＨＰ研究所の吉村さんからこの話をもらい、どんなテーマだとより身近に感じてもらえるか、どんなクイズだと自分のこととして興味を持ってもらえるか、一緒にアイデアを出し合いました。また、私と同じ文系の人でも楽しみながら読んでいただけるよう、難しい言葉や数字はなるべく使わないよう心がけました。

クイズに答え、その解説を読みながら、いつの間にか統計学的な思考法が身についている。そんな本に仕立てあげたつもりです。

本書を読むと、「え、これも統計学なんだ」と思うようなところが多々あるはずです。そうです。ハードルが高いという印象がある統計学も、基本はごく単純で、皆さんがすでに知っていることばかりなのです。そこに少しだけ知識を足していただくことで、一気に理解が進みます。

前置きはこれぐらいにして、早速本編に移りましょう。

ぜひとも楽しみながら、統計学の世界に触れてみてください。

皆さんがそれぞれの「世界の秘密」を発見し、シンプルかつ効率的に仕事で結果を出せるようになり、かつ充実したプライベートが過ごせることを願っています。

２０２２年２月

斎藤広達

超文系人間のための

統計学トレーニング

目次

序章

統計学の力で「世界の秘密」を解き明かす

第1章

「四則演算」だけでもここまでわかる
——@変換は強力な武器

第2章
世の中のすべては「確率」で動く
――シナリオ・プランニングとファネルの話

第3章

世界は「正規分布」でできている
——実は役立つ「偏差値」の話

第4章

「統計学的に正しい」データの扱い方
——意味のある調査、ない調査

第5章 「多変量解析」は、データ社会を生き抜くための必須知識

終章 「統計学的に考える」ということ

序章

統計学の力で「世界の秘密」を解き明かす

▼世界は「サイコロの目」で決まる？

あなたの目の前にサイコロがあります。サイコロを振って1が出れば1万円をもらえますが、6が出たら逆に1万円を失います。2～5が出たら、もう一度やり直しです。

ビジネスとは、このサイコロのゲームのようなものだと思います。

成功も失敗も一定の確率で起こり、やってみるまでどちらが出るかはわからない。続けて成功することもあれば、続けて失敗することもある。ただ、何度も何度もやれば、結局は確率通りのところに落ち着く。

このゲームに勝つにはどうしたらいいでしょうか。

常にサイコロで1を出せるように訓練する？　それも一案です。カジノのディーラーは訓練次第で、どの目が出るかを調整できるようになる、と聞きます。

しかし、それよりよほど簡単なのは「ゲームのルールを変える」こと。

たとえば、数字の1が出たときだけでなく、2と3が出たときも1万円がもらえるようにする。すると、ゲームに勝てる確率はぐっと高まります。

もちろん、失敗の確率がゼロになるわけではありません。でも、ルールがわかっていれば失敗に備えることもできますし、トライアンドエラーで確率をさらに高めることもできます。

ビジネスも同じです。成功も失敗も、ある確率に基づいて決まります。その結果はやってみるまでわかりませんが、さまざまな活動により成功の確率を上げていくことはできます。

ビジネスとはこのように数字でとらえ、数字で計算することのできる科学なのです。

いえ、ビジネスだけではないでしょう。世の中のあらゆることは、「数字」でできていると言っても過言ではありません。

希望の学校や会社に入ることができるかどうか、成長できる仕事を担当できるかどうか、理想のパートナーと出会えるかどうか、たまたま入った飲食店で好みの味のものが出てくるかどうか……これらもすべて、言ってみれば確率の世界です。

▼「もっと」「とりあえず」というあいまいな指示が飛び交う社内

しかし、我々は普段、そのことをあまり意識していません。

たとえば企業の現場では、こんなことが日常的に起きているのではないでしょうか。

「なんだか売れそう」というだけの感覚で商品を発売し、大失敗する。

「もっと数字を上げよ」というあいまいな指示のもと、ひたすらアポ取りに邁進《まいしん》させられる。

「とりあえずやってみてよ」という思いつきに、莫大《ばくだい》な予算が投じられる。

その一方で、ノルマなどの目標数字に対しては極めて厳格だったりします。

「目標に対して100万円足りていないから、もっと頑張れ」

「経費が10%も上がってしまっているから、もっと下げろ」

こんな檄《げき》を飛ばして、「自分は数字の管理をしっかりやっている」と思っている管理職もいるかもしれません。

そうではありません。そんな数字を見るよりも大事なのは、世の中を支配している「数字のルール」を知ること。

そして、そのルールを知るために役立つのが、「統計学」なのです。

▼統計学を学ぶのではなく「統計学を使う」

統計学を扱った本の大半は、いかにデータを扱うか、そのためにどのような計算をするのかに力点が置かれています。統計学とは「データを扱う技術」のことですから、当然です。

分散、標準偏差、信頼度、カイ二乗検定、t検定……など、文系の人には聞いたことのないような言葉が頻出します。それだけで頭が痛くなるという人もいるでしょう。

こうしたノウハウを使うことで、たとえば店舗の売上のデータから、

「このデータの分散はこれだけで、標準偏差は〇〇。信頼度は△△です」

といった詳細な分析が可能になります。

しかし、「じゃあ、その数字をどう活かせばいいの」に触れられている本は、決して多くありません。

一方、本書が目指すのは、「使える」統計学の知識です。細かい数字や計算式などはなるべく取り扱わず、「統計学的に考えると、こうなる。だからこう役立つ」という話に特化します。

基本的な知識としては、四則演算ができれば十分です。つまり「足す・引く・かける・割る」です。

▼統計学にできること①数字の意味を知る

では、本書を読むとどういうことができるようになるのか。

一つ目は、「数字の意味を自分事として知る」ことです。

2020年に世界を襲った新型コロナウイルス感染症（以下コロナ禍）は、多くの人に数字の意味を知ることを強いたのではないでしょうか。

毎日のように発表される感染者数、上がり続けるグラフ、ワクチン接種率の推移……。それを見て「ああ、昨日の感染者は〇〇人だったのだな」ということはわかっても、それの意味するところはなんなのかがわからない。

一方で、さまざまなデータを用いた（とされる）怪しげな情報が毎日のように現れては消えていきました。「ワクチンを打つと身体が磁気を帯びる」「〇〇を食べるとコロナに感染しない」という奇説・珍説も飛び交いました。

いったい、何を信じればいいのか。今後、どうなるのか。多くの人が不安に思ったのではないでしょうか。

統計学の基本的な知識があれば、その「数字の意味」を自分事として理解することができるようになります。すると、少なくとも不安は和《やわ》らぎますし、明らかに怪しい数字については「おかしい」と気づくことができます。

いわゆる「数字に強い人」には特徴があります。それは、「数字を自分事にすることに長《た》けている」ということ。わからない数字があれば、それをどうやって具体的にイメージできる数字に変換するか、自動的に考えるクセがついているのです。

たとえば、「感染者数が100万人を突破」という数字を見て、

「感染者数が100万人を超えたということは、日本の人口の約100分の1。うちの会社は社員が500人で、感染者はまだ1人だから、対策は比較的うまくいっているのかな」

などという感想を持つことができるのです。

あなたが人事部や総務部なら、その数字に安心するとともに、「感染拡大のペースが急になっているから、より対策を強化しないと」などと考えることでしょう。

そう、数字の意味を知るからこそ、「次の手」を打つことができるのです。

▼統計学にできること②先を読む

冒頭で申し上げたように、ビジネスとはサイコロのゲームのようなものです。

サイコロを振って1が出たら1万円もらえ、6が出たら1万円を失うゲームなら、勝つ確率は約17%、負ける確率も約17%となります。

このように、ゲームのルールを読み解き、その先を予測するのは、統計学の得意分野でもあります。

たとえば統計解析を使って、お弁当の売れ行きを予測する。過去のデータから、たとえば1月の土曜日で、天気が曇りの日で、最高気温が10度のとき、どのくらいお弁当が売れるのかを予測する。こうした計算は、データさえ揃っていれば、かなりの精度で近い数字を導き出すことができるでしょう。

その最先端にあるのがEC（電子商取引）の世界です。どの商品がいつ、どれだけ売れたかだけでなく、どんな属性の人が、どこのサイトを見て入ってきて、どのページをどのくらいの時間をかけて見て購入に至ったのか、といった行動履歴がすべて残るのがECの特徴です。だからこそ、「どこをどう変えたらどうなるか」が予測できるのです。

昨今、バズワードとなっているのが「SDGs」です。あらゆる分野で、環境への配慮が求められています。大量出荷、大量廃棄といったビジネスモデルは、世間が許さなくなってきています。だからこそ、精度の高い需要予測が求められているという背景もあります。

▼先を読むことの意味は、リスクに事前に対応すること

とはいえ、世の中のすべてが過去の事例通りにいくとは限りません。ましてやそれが新製品や新事業だとしたら、正確な予測はほぼ不可能と言っていいでしょう。統計学はパワフルですが、その力には限界があります。

それでは、未来を読むことには意味がないのでしょうか。

いえ、それでも、未来を読む意味はあります。

「未来を読んでおけば、その先に対応できる」からです。

何かを始めようとするとき、あくまで仮でいいので「成功確率が70％、失敗の確率が30％」などという予測をしておきます。すると、「今からやろうとすることには、30％ほどのリスクがある」ということが明確になります。リスクが見えれば、人は自然とその対策を考えだします。

すると、実行してもし失敗したとしても、慌てることがありません。準備していた対策を粛々《しゅくしゅく》と実行すればいいからです。それが大事なのです。

ソフトバンク創業者の孫正義氏は投資について、「成功率5割でやるのは愚かだが、成功率9割のものはもう手遅れ。成功率7割くらいでやるのがちょうどいい」と言っています。果敢な攻めの姿勢で知られるソフトバンクらしい言葉です。
ただ、ここで注目すべきは、3割の失敗を最初から想定していることです。実際、ソフトバンクは事業への進出も早いですが、撤退も早い。「3割の失敗」のリスクを見据えているからだと思います。

未来予測で重要なのは「当てること」ではありません。
「どんな未来になっても対応できるようにしておくこと」が重要なのです。

▼統計学にできること③AI時代に対応する

日本ではいまだに数字に対しての感度が低いように感じます。
そんな日本社会も、少しずつ変わってきているようです。
その理由の中で最大のものは、なんといってもITおよびAIの発達です。

人々が常にネットに接続する環境になったことで、膨大なデータが取れるようになりました。データがあればあるほど、数字は力を発揮します。

近年、統計学がブームになっているのは、より多くのデータが取れるようになってきたことと無縁ではないでしょう。データが多ければ多いほど、世の中は統計学の結果に近づいていきます。

中国の「芝麻（ジーマ）信用」という「信用スコア」をご存じでしょうか。

これは同システムを運営するアリババグループのサイトでの購入履歴や、アリペイと呼ばれる電子決済サービスを使用する人のデータをＡＩが分析し、その人の信用度をスコア化するというもの。支払い履歴はもちろん、その人の社会的地位や買い物の傾向、交友関係までを含めてデータを分析し、１人ひとりにスコアをつけます。スコアが高ければそれだけ信用度が高い＝高い金額を貸しても大丈夫だと判断され、逆にスコアが低いとあまりお金が借りられないことになります。また、スコアが高いとさまざまな特典が付くなどのメリットがあります。

しかし、この数値がクレジットの世界以外でも使われるようになっているのです。たとえば、スコアが低いと就職に支障が出たり、結婚相手を探すことにも苦労したり……。そのため、中国の人はこのスコアを上げるために躍起になっているとか。いやはや、とんでもない時代になったものです。

日本にもこの信用スコアは上陸していますが、まだ、そこまでは広がっていないようです。しかし、電子決済が中国から広がって今や日本でも一般化してきたように、いずれ日本もこの信用スコアに支配される時代が来るかもしれません。

▼我々はもはや、AIの手のひらの上で踊らされている?

そうでなくても、我々はすでにAIの手のひらの上で踊らされています。

たとえば、アマゾンで何か買い物をした際に表示される「お勧め」(レコメンド)。つい、買うつもりもなかったものを買ってしまったという経験を持つ人も多いでしょう。これはAIがあなたの購買履歴を分析し、同じ嗜好を持つ人がよく買う商品を表示しているのです。

あるいは、YouTube動画。一つの動画を見た後に出てくるお勧めを次々と見ているうちに、いつの間にか数時間が経ってしまった……という人も多いと思います。これまた、ＡＩがあなたの嗜好を分析し、あなた好みの動画を次々とお勧めしてくるからです。

もっとすごいのはＴｉｋＴｏｋです。

お勧めの仕組みは基本的には変わらないのですが、ＴｉｋＴｏｋのＡＩは、その中にときどき、その人の嗜好とはまったく関係のないお勧めを入れてきます。ダンス動画を見ていたら、急にラーメンをすする動画が出てくる、といったように。

同じものばかり見ているといずれは飽きてしまいますが、こうしてランダムに関係のない動画がお勧めされることで、どんどんハマっていくわけです。

レコメンドエンジンについてよくある批判として、「同じジャンルのものばかり見ていると、人間としての幅が広がらない」というものがあります。それに対してＴｉｋＴｏｋでは、このような仕組みでセレンディピティ、つまり「偶然の出会い」が起こるようにしている。こうした批判をとっくにクリアしてしまっているわけです。

▼「一次関数」を覚えていますか？

こうしたＡＩは、さぞや複雑な計算を行っているのだろうと、多くの人は思うかもしれません。

確かに、計算は複雑です。しかし、その原理は決して複雑ではありません。

ＡＩの世界で使われているのは「多変量解析」というものです。

そして、その基本は、皆さんが中学校で習った「一次関数」です。

覚えていますでしょうか。たとえば、

ｙ＝５ｘ

あるいは、

ｙ＝２ｘ＋５

といったものです。

これはつまり、「一つの変数が決まると、もう一つの変数が決まる」ということ。「ｙ＝５ｘ」というのは、「ｘが1のとき、ｙは5になる」ということです。

たとえば、「気温が1度上がれば、自販機のドリンクが5本多く売れる」といった法則があるとしたら、これはまさに「ｙ＝５ｘ」という一次関数で示すことができます。

とはいえ、世の中はそんなに単純ではありません。曜日や時間、あるいは広告の露出量など、売上にはさまざまな要素が関係してきます。

そこで、この変数をどんどん増やしていく。すると、人間が計算するのは大変になるので、ＡＩにそれをやってもらうことにする。

ＡＩがやっているのは、つまり、そういうことです。

どうでしょうか。そう考えると、だいぶとっつきやすく思えるのではないでしょうか。

▼大事なのは「ゲームのルール」を知っておくこと

ＩＴ、ビッグデータ、信用スコア、ＡＩ、メタバース……。

今の世界は日進月歩で、次々と新しいものが生まれていきます。

それに対して、「よくわからないから、もういいや」と理解を放棄するのは自由ですが、あなたが山奥にこもって隠遁《いんとん》生活を送るのでもない限り、我々はその影響をいやおうなしに受けることになります。

ならばせめて、自分たちを支配する「ゲームのルール」は知っておいたほうがいいのではないでしょうか。

そして、そのカギとなるのが統計学です。

そう、つまり統計学とは「世界の秘密」を解き明かすカギなのです。

第1章

「四則演算」だけでもここまでわかる

——@変換は強力な武器

1-1

巨大すぎる数字との付き合い方

▼平均の「正しい使い方」とは？

統計学というと、複雑な式と計算が必要なものを思い浮かべるかと思います。確かに、統計学そのものは複雑な計算式が求められるものですし、そうした高度な計算が必要とされることもあります。

しかし、多くのビジネスパーソンが仕事において使うにあたっては、あるいは日々の生活に役立てるためには、簡単な四則演算、つまり「足す、引く、かける、割る」だけで、ほとんどのことができてしまうのが現実です。

たとえば、「平均」。誰もが小学生のときに習ったことと思います。念のため、以下のような例題を出させていただきます。

Q あなたは住宅販売メーカーの販売担当者です。今日、6人のお客さんが相談に来られました。それぞれの方の年収は300万円、400万円、400万円、900万円、1000万円、1200万円でした。今日来たお客さんの平均年収はいくらになるでしょうか。

ごくごく簡単な問題です。

300万円＋400万円＋400万円＋900万円＋1000万円＋1200万円＝4200万円

4200万円÷6＝700万円

答えは「700万円」です。

簡単すぎるので「ひっかけ問題では？」と思った人もいるかと思いますが、そうではありません。ウォーミングアップのようなものだと考えてください。ひっかけ問題は後からいくらでも出てきますので、ご安心（？）ください。

平均身長や平均体重、あるいは平均年収など、「平均」は身近に溢れています。

あまりに簡単なので誰もが「これが統計学なのか」と考えるかと思いますが、平均も立派な統計学の一つです。

ただし、重要なのはその使い方です。使い方次第で平均値はほとんど意味のない数字になることもあれば、ビジネスに重要な指針を与えてくれる存在にもなり得ます。

この項では、そのための「正しい平均の使い方」をお伝えしたいと思います。

▼@変換で巨大な数字を自分事に

私がぜひ「クセ」にしてほしいと思っている平均計算があります。それは「1人当たりの平均値を出してみる」こと。これを「@《アット》変換」と呼びます。

世の中にはちょっと想像ができないくらい、巨大な数字が溢れています。

たとえば、

・日本の国家予算107兆円
・トヨタ自動車の売上27兆円

などなど。

人はあまりに大きな数字を前にすると思考停止状態に陥ります。「数字が苦手」という人の多くは、実際には「大きな数字が苦手」なのではないでしょうか。

そこで役立つのが、この「@変換」です。1人当たりの数字を出すことで、大きすぎる数字を「自分事」にする技術だと言えます。

では、先ほどの「日本の国家予算107兆円」を、日本人1人当たりの数字に直してみましょう。日本の人口は約1億2000万人ですから、1人当たり約89万円となります。

107兆円÷1億2000万人＝89万1666・666……円

国家予算の中には社会保障費やインフラの整備費、あるいは防衛費などが含まれています。我々が日々、安心して快適に暮らすためのコストとして、年間約90万円が使われている。国家予算107兆円というのは、つまりそういうことだと考えられます。

それを多いと思うか少ないと思うかは人それぞれだと思いますが、@変換によって「自分事」としたことで、大きすぎる数字がイメージできる数字になったと思います。

▼巨大なトヨタ自動車を「もっと身近」に

続いて、トヨタ自動車の売上27兆円です。これはトヨタ自動車の社員数で@変換してみることにしましょう。

この27兆円という数字は連結決算、つまりトヨタ自動車本体だけでなくそのグループ会社も含めた決算数字です。そこで、社員数も連結で見てみると、約36万人。さすが日本一の売上を誇る企業だけに、従業員もかなりの数です。

これを1人当たりに直してみると、7500万円になります。

27兆円÷36万人＝7500万円

とても大きな数字ではありますが、「圧倒的」というほどではありません。たとえばオフィス文具でおなじみのアスクルは売上が約4200億円なのに対し、従業員数は約3300名。1人当たりに直すと1億円を超えています。一般に卸売業は製造業より1人当たり売上高は高くなる傾向があります。

あなたも自社の売上と社員数で「1人当たり売上高」を出してみてください。こうして感覚をつかむことができれば、大企業の数字も自分事としてとらえることができるようになるはずです。

▼アベノマスクの何が問題だったのか

さて、再び国家の話に戻り、以下の問いについて考えてみてください。


Q 「アベノマスクの予算に466億円」という記事を読んで、お父さんが激怒しています。

「こんなものに460億円以上もかけるなんて、とんでもない!」

確かに自分もおかしいと思いつつ、どのくらいの無駄なのかピンときません。あなたならどのように説明しますか。


2020年のコロナ禍で発生したマスク不足は、皆さんの記憶にも新しいことと思います。そんな中行われた国からのマスク支給は、当時の安倍晋三首相の名前から通称「アベノマスク」などと呼ばれましたが、その対応の遅さやマスクの枚数や品質について数々の非難が巻き起こり、「税金の無駄遣い」と揶揄《やゆ》されました。

ただ、コロナ禍の先が見えない中での判断を、後の視点から印象論で批評するのはフェアではありません。そこで、ここでも「数字」に換算してみましょう。

日本の人口約1億2000万人で、マスク予算466億円を@変換してみると、約390円。つまり、この値段で国民にマスクを配った、ということになります。

送料も込みとはいえ、正直、マスクの値段としては少々高いというのが正直なところでしょう。

しかし、マスク不足が本格化している最中、街中ではかなりの高値でマスクが売られていました。その後すぐに暴落したとはいえ、普段は1箱500円くらいのマスクが3000円くらいで売られていたこともありました。そんな状況ならば、アベノマスクのコストはそれほどおかしなものでもないように思えます。

しかもその後、かかった費用は結局260億円になったとの発表がありました。これだと1人当たり約220円です。

結局、アベノマスクの問題はコストというよりも「スピード」だったのではないかと、私には思えます。民間各社が思いの他早く量産体制を整えたことでタイミングを逸してしまったことが、批判につながったということです。

諸外国と比べて日本人は、国家予算や貿易収支のような話題を避けたがる傾向があるように思えてなりません。そのため、政策を評価したり批判したりするにしても、どうも感情的、感覚的な話に終始してしまっているように感じます。

だからこそ、数字と直面してほしいと思うのです。その際、「@変換」はとても大きな武器になるはずです。

1-2 会社の数字を@変換する

――「良い会社」をどう見抜く？

Q ともに卸売業を営み、主力商品もかなり重なっているA社とB社。A社は売上50億円で社員数50人、B社は売上100億円で社員数は120人。さて、どっちの会社のほうが効率の良い商売をしていると言えるでしょうか。

▼売上を見たら反射的に「@変換」を

これも早速、社員数で「@変換」してみることにしましょう。

すると、A社は社員1人当たりの売上が1億円。一方、B社は約8300万円となります。

A社　50億円÷50人＝1億円

●「1人当たり」にすると……

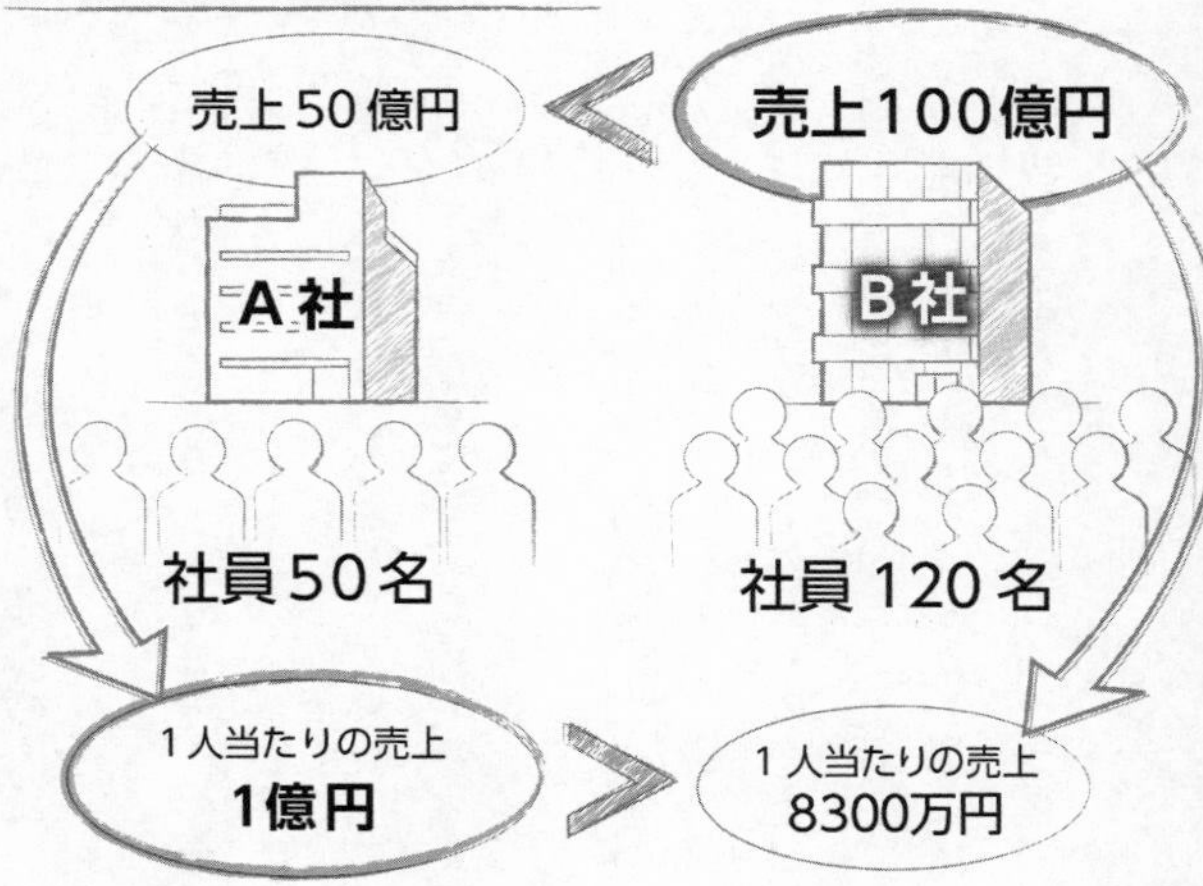

B社　100億円÷120人＝約8300万円

「効率の良い商売」には資産をどれだけ持っているかや、固定資産がどのくらいあるかなどさまざまな視点が問われますので、1人当たりの売上が多いからといって効率が良いとはいえないことは確かです。

しかし、少なくともA社のほうが「少ない人数で大きな売上を上げている」ことは確かです。もし、業種・業態だけでなく、その他の条件もA社とB社でほぼ共通しているとしたら、A社のほうがB社よりも経営がうまくいっているとみなすこともできると思います。

にもかかわらず、世の中の多くの人はいまだに「売上の大きさ」で企業の価値をとらえがちです。

売上50億円の企業より、100億円の企業のほうがすごい。1000億円を超える企業はもっとすごい。しかし、これはある種の「思考停止」のように思います。

だからこそ、大きな数字を見たら反射的に@変換をするクセをつける。それが、大きな数字に対して思考停止にならないために重要なことなのです。

頭の回転の速いコンサルタントは、数字を見た瞬間に、条件反射的にこの@変換をしているものです。

たとえば、クライアントの会社の売上が50億円で社員100名だとしたら、とっさに1人当たり5000万円の売上だと計算します。そして、もしその業界の平均値がそれよりも上ならば、人員に余剰感があるのではないか、業務の効率化が進んでいないのではないか、と問題点の当たりをつける。そうして、より細かい数字を精査して、問題の真因を探っていく。

クライアントから「よくそんな短時間で問題点を見抜けますね」と言われることがあり

ます。もちろん、事前にリサーチもしているのですが、実はざっくりとした@変換をするだけで、仮説を導き出していることも意外と多いのです。

▼1坪当たりの売上を見てみよう

ここまで主に「1人当たり」での数字を扱ってきましたが、別に@変換は人数だけに限りません。「1社当たり」「1g当たり」「1時間当たり」など、あらゆるものに応用できます。

中でも小売業界でよく使われるのが「1坪当たり」「1㎡当たり」の@変換です。

リアル店舗を持つ小売業にとって、「店の大きさ」は極めて重要です。面積が大きければ大きいほど、多くの商品を置いたり多くの客を入れたりすることができますが、当然、賃料は高くなりますし、従業員もその分増やさなくてはならないでしょう。売上とコストとの最適なバランスを取ることが求められます。

たとえばチェーン展開するドラッグストアがあるとして、各店舗の売上が以下のようであったとします。

店舗面積（㎡）		売上（月・万円）
A店	240	1000
B店	320	1400
C店	140	600
D店	250	1300
E店	100	800
F店	350	1500
G店	180	900

これだけ見れば、売上の大きいB店やD店、F店がいい店のように思えます。

しかし、店舗面積で@変換してみると、まったく見え方が違ってきます。

店舗面積（㎡）		売上（月・万円）	1㎡当たり売上（万円）
A店	240	1000	4・17
B店	320	1400	4・38

C店	140	600	4.29
D店	250	1300	5.2
E店	100	800	8
F店	350	1500	4.29
G店	180	900	5

この数字を出して初めて、店同士の比較が可能になります。実はE店のように売上は少なくても非常に効率がいい商売をしている店が見えてきます。

この店で行っている施策を他の店にも横展開することで、全体の売上を伸ばすことができるかもしれません。スーパーバイザーの腕の見せどころでしょう。

▼「大きいことはいいことだ」の時代は終わった？

ちなみに経済産業省が公表している商業統計（平成26年）によれば、ドラッグストアの売場面積1㎡当たり平均年間商品販売額は64万円、1カ月当たりにすると約5万3000円となっています。こうした平均値と比べてみるのも一案です。

その他の業種の売場面積1㎡当たり平均年間商品販売額は、コンビニエンスストアで150万円、百貨店・総合スーパーで63万円となっています。いかにコンビニが効率良く稼ぐことができているかが見えてきます。

高度成長時代、企業はひたすら「売上」を追求してきました。そして、資本金が大きい会社、売上の大きい会社、社員数の多い会社こそが「良い会社」「安定した会社」とされてきました。

しかし、今は違います。大企業ですらその地位は安泰ではなく、むしろ規模が大きいことがその改革の妨げになっています。売上の呪縛から逃れられず、不祥事に手を染めた大企業もあります。

@変換を使って、「大きいことはいいことだ」の呪縛からぜひ、解放されてほしいと思います。

1−3

「時間」で@変換する
——本当のコストが見えてくる

Q　夫が「車が欲しい」と言い出しました。確かにあれば便利ですが、高い買い物でもあり、駐車場代などもかかります。いっそ、最近はやりの「カーシェアリング」でいいのでは、と提案してみたのですが、夫は「やっぱり自分の車が持ちたい」との一点張り。さて、夫をどうやって説得すればいいのでしょうか。

▼最近はやりのカーシェアリング

自動車は高い買い物です。軽自動車でも100万円弱、セダンなら200万円は考えておいたほうがいいでしょう。さらに、駐車場代やガソリン代、税金もバカになりません。

しかし、それによって得られるメリットも大きいものがあります。いつでも好きなときに好きな場所に行けるのはやはり魅力ですし、子どもがまだ小さい家庭では特に重宝するはずです。また、地方となれば、車がなければ生活が成り立たないということも多いでしょう。

この事例では「カーシェアリング」の話が出ています。カーシェアリングとは1台の車を複数の人と共有するというサービスで、基本料金の他、使うたびに利用料が発生するのが普通です。

自動車は街中のコインパーキングなど利便性の高いところに置いてあることが多いため、今回の事例は都市部に住んでいる人の話と考えていいでしょう。つまり、「車がないと生活ができないわけではないが、あれば便利」ということです。

▼自動車のコストを「月」に直してみる

さて、こうした「高い買い物」をすべきかどうか考える際に役立つのが、「時間による@変換」です。

仮に200万円の自動車を買うとします。

買った車を何年間使い続けるかはもちろん、人によりますが、税法上、新車の減価償却は普通自動車で6年、軽自動車で4年です。あくまで税法上ではありますが、買った車は4〜6年で価値がゼロになる、ということです。

そこで、ここでは仮に5年間使い続ける、ということにしましょう。

まず、1年で@変換してみます。すると1年で40万円（200万円÷5年）となります。

さらにもう一段階踏み込んで、1カ月で@変換をします。すると、1カ月当たり3万円ちょっとになります。

40万円÷12カ月＝3万3333・333……円

だいぶ、イメージしやすい数字になってきました。

問題は、自動車にはその他にもさまざまなコストがかかるということです。

ぱっと思い浮かぶのはガソリン代です。1リットルで20キロ走るハイブリッド車なら、ちょっとしたドライブで50キロほど運転したとして、ガソリンは2・5リットルほど。仮に1リットルが150円と仮定しても、375円ぐらいです。意外と少ないですね。

そこに、行った先での駐車場代や高速道路代が入るわけですが、これもとんでもない額にはならないことがほとんどです。1回につき数百円といったところでしょう。また、スーパーやショッピングセンターなどへの日々の買い物については、駐車場代は無料のところも多いはずです。

仮に毎週末ドライブに出かけ、その他、5日ほど短距離の移動に使うとすると、ひと月で5000円も見ておけば十分かもしれません。

問題は月ぎめの駐車場代です。都心の場合数万円もすることもあれば、地方の場合はタダ同然、ということもあるでしょう。ここでは都市部の例だということで、月1万円を見ておきます。

自動車税は年間3~5万円ほどかかりますし、保険にも入るでしょう。月ぎめ駐車場代と合わせ、ここでは仮に年間20万円としておきます。これを@変換で月に直すと約1万7000円です。

以上を合計すると、車を買った場合のひと月のコストは、こうなります。

・クルマの保有コスト　3万3000円

・ガソリン代など都度費用　5000円
・駐車場代、税金、保険など　1万7000円
計5万5000円

つまり、自動車を買うということは、月に5万5000円のコストを払うということと同義なのです。

▼車は「持たない」時代に？

では、カーシェアリングはどうでしょうか。

業界最大手といわれるタイムズカーの料金を見てみます（2022年1月現在）。

タイムズカーを利用するには、まず会員登録をする必要があります。月額基本料金は880円です（利用料金に充当可）。

その上で、都度使用料としてベーシッククラスの自動車が15分220円。つまり1時間880円です。ただし、6時間までは上限で4290円とあります。

ガソリン代は利用料金に含まれます。長時間利用の場合は距離料金もかかりますが、た

とえば8時間で80㎞走った場合でも6780円です。事故を起こした際などにある程度の負担をしてくれる安心補償サービスに入るかどうかは任意ですが、ここでは入ると仮定しましょう。

そして、先ほどと同様に、「月4回のドライブ（6～8時間）」「月5回の都度利用（1時間半）」で計算してみると、こうなります。

・月額基本料　880円
・ドライブ代　4290円×4＝1万7160円
・都度利用代　1320円×5＝6600円
・安心補償サービス　330円×4＝1320円
・行った先での駐車場代・高速道路代　5000円×4＝20000円
・その他、6時間を超える利用をした場合の差分など　30000円

3万9960円

これで、議論のベースとなる数字が出てきました。「月5・5万円で自動車を購入するか」「月3・1万円で購入せずに自動車を使用するか」を比べることで、どちらを選ぶべ

きかを迫ればいいのです。

最初の問いの答えに戻ると、奥さんはこのコストの差を示して、夫を説得するのがよさそうです。

▼コスト以上に気になる「環境への負荷」

月2・4万円、年間約30万円のコスト差を見てしまうと、クルマ好きの私ですら考え込んでしまいます。

実は私は大のクルマ好きで、最初に自動車を購入したのは大学生の頃。F1やインディカーは、今でも生放送か動画配信でほぼ全戦チェックしています。そんな私ですら、本当に車を保有すべきか疑問に思ってしまいます。

日本でもすでに、MaaS（モビリティ・アズ・ア・サービス）が本格化しつつあります。MaaSとは、電車・バス・タクシーなどの交通機関をシームレスに利用するサービス。たとえば、モバイルアプリで経路検索し、そのまま目的地までの交通機関を予約・決済すれば、すべての交通機関が自由に使えるようになる。そんな世の中になりつつあります。

自動車を所有するという時代は、すでに終わりつつあるのかもしれません。

●輸送量当たりのCO_2の排出量（旅客）

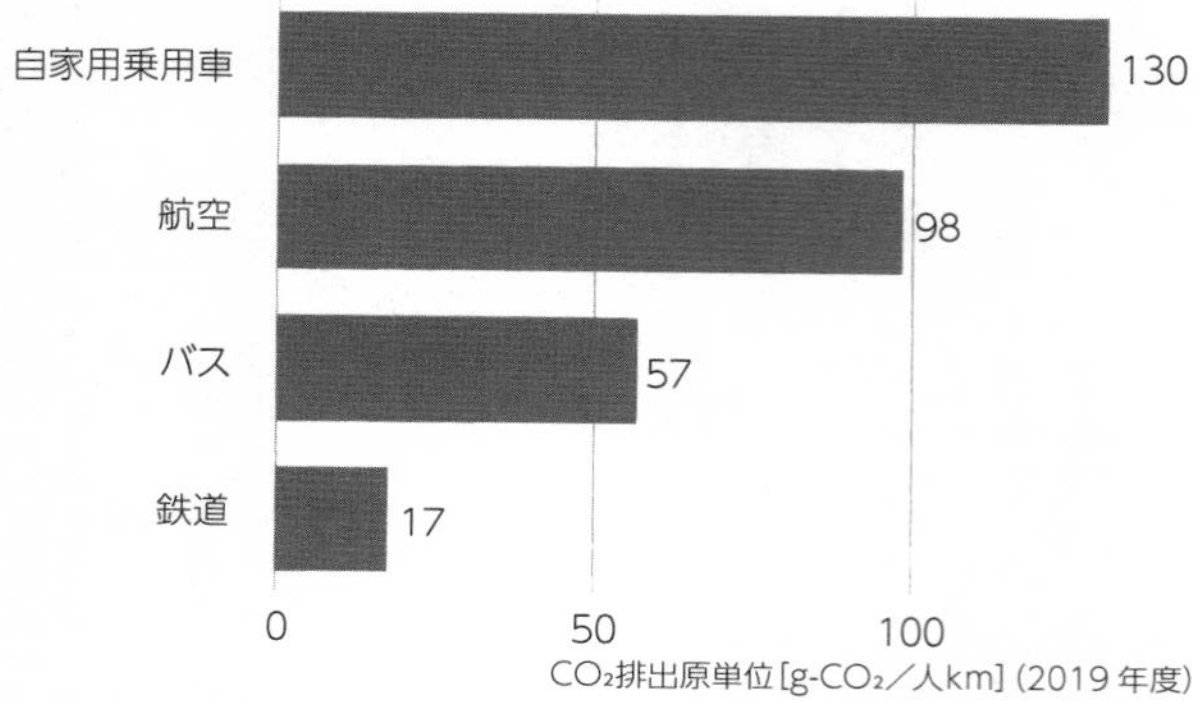

※〈出典〉温室効果ガスインベントリオフィス：「日本の温室効果ガス排出量データ」、国土交通省：「自動車輸送統計」、「航空輸送統計」、「鉄道輸送統計」より、国土交通省環境政策課作成

また、CO_2排出量のことを考えると、自動車の購入や保有コスト以前に、心に痛みを感じます。

たとえば、国土交通省のＨＰでは、１㎞の移動でどれぐらいCO_2が排出されるか、わかりやすいデータが開示されています。

自家用車の移動だと、１人１㎞当たりの移動で１３０ｇのCO_2が排出されます。乗合バスを利用したときの２・３倍、鉄道移動の７・６倍です。飛行機よりも多いCO_2が排出されているとは……。

＠変換で数字を自分事にすると、単なる数字が感情に訴えるメッセージになるのです。

1-4 @変換で「推測」をする

Q　日本最大のアパレル企業であるユニクロ。店舗数が多いこともあり、気がつくとユニクロの製品ばかりを買っています。いったい、自分はどのくらいユニクロのヘビーユーザーなのか。ちょっと調べたくなりました。しかし、ユニクロのホームページのどこを調べても、顧客1人当たりの売上など載っていません。それを知る方法はあるのでしょうか。

▼見えない数字を見る方法

@変換の力は数字を自分事に置き換えるだけにとどまりません。たとえばこの問題のような「推測」にも用いることができます。

このケースの場合、まず、ユニクロの年間売上を見てみます。すでに海外販売のほうが大きくなっているユニクロですが、国内ユニクロ事業の年間売上だけで約8426億円もあります（2021年8月期実績）。

一方、日本の人口は約1億2000万人です。計算しにくいことと、当然ながら誰もがユニクロの店舗の近くに住んでいるわけではないことを鑑《かんが》みて、ざっくり1億人で@変換をしてみましょう。

すると、1人当たり年間8400円ほどとなります。

ユニクロのラインナップは幅広いですが、仮に購入単価を1500円として@変換してみると、以下のようになります。

8400円（1人当たり購入額）÷1500円（購入単価）＝5・6

つまり、年間1人5〜6アイテムを購入している、という計算が成り立ちます。

あくまでイメージではありますが、2カ月に一度くらいユニクロに足を運んで1アイテムずつ買う、あるいは春や秋の季節の変わり目にまとめて2〜3アイテムずつ買っている

●ユニクロを@変換すると……

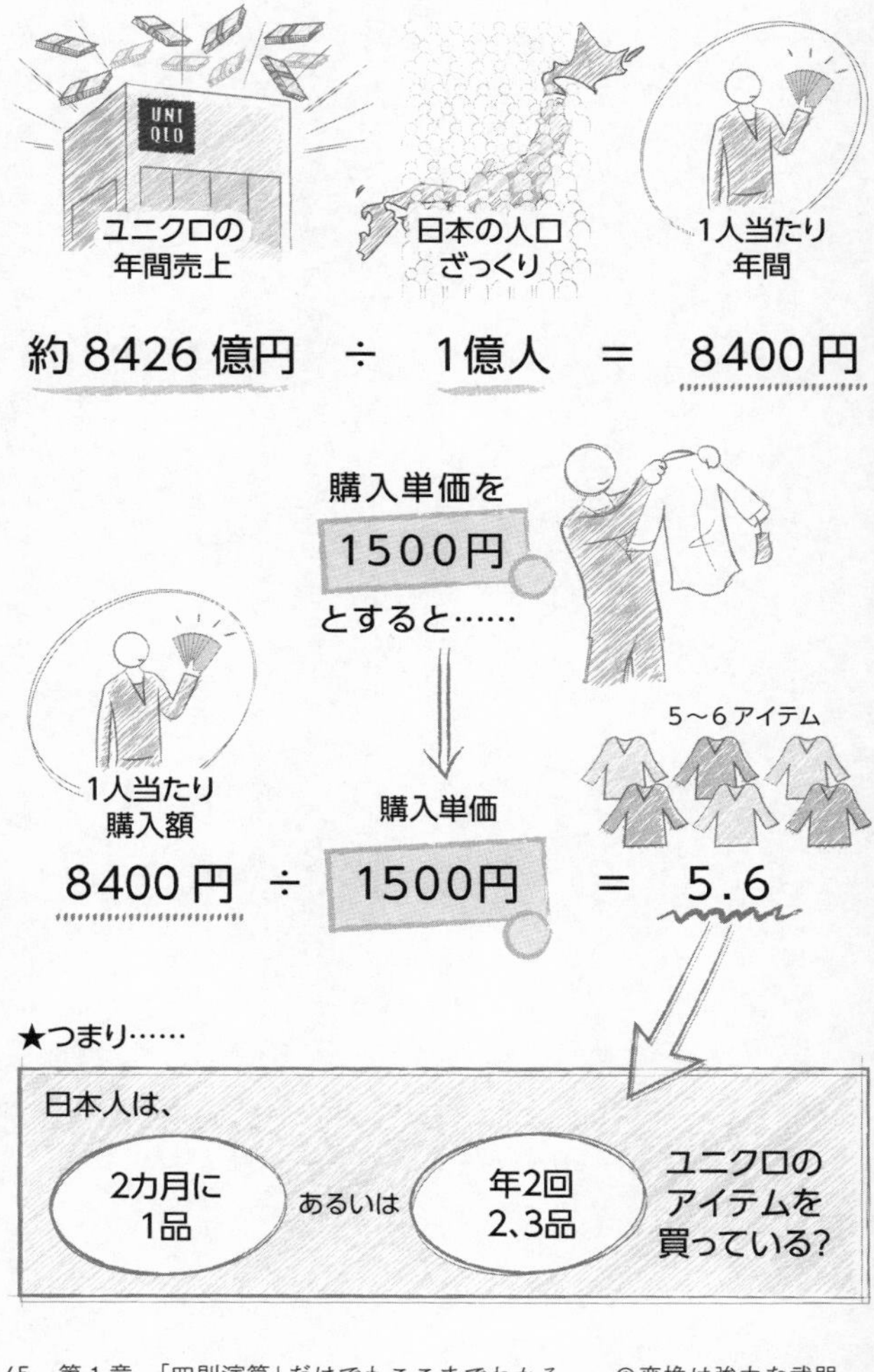
UNI QLO
ユニクロの
年間売上
日本の人口
ざっくり
1人当たり
年間
約8426億円 ÷ 1億人 ＝ 8400円
購入単価を
1500円
とすると……
5〜6アイテム
1人当たり
購入額
購入単価
8400円 ÷ 1500円 ＝ 5.6
★つまり……
日本人は、
2カ月に
1品
あるいは
年2回
2、3品
ユニクロの
アイテムを
買っている?

ユーザーの姿が見えてきます。夏前にはデザインTシャツを、冬前にはヒートテックなどの防寒着を、というイメージでしょうか。

もちろん、これはあくまで推測にすぎません。数字も仮に置いたものです。ただ、想定顧客数の1億人は少々多いと考えて、たとえば8000万人として計算してみたとすると、年間購入数は7点ほどになります。先ほどの計算では5~6点でしたから、それほど大きくは変わりません。

ユニクロはアプリ会員が3000万人を突破したそうです。その約2・5倍の8000万人くらいがユーザーだというのは、それほど違和感のない数字かもしれません。

さて、冒頭の問いに戻りましょう。

もし、あなたが年間5~7点ほどの買い物をしているとしたら、おそらくは「ごく普通のユーザー」となるでしょう。一方、ほぼ毎月1点は購入しており、単価も1500円くらいかそれ以上ならば、あなたはおそらく「ヘビーユーザー」である可能性が高くなるでしょう。

この数字について、「まったく的外れだ」という批判もあるでしょう。実際の数字とは大きく違っているかもしれません。しかし、このように@変換してみることで、「では、どこが的外れか」を議論するベースができます。それが重要なのです。

▼「フェルミ推定」で問われるものとは？

「フェルミ推定」という言葉を聞いたことがある人も多いと思います。

正確な把握や予測が難しいような数値について、論理的思考を用いて概算するというもので、イタリア出身の物理学者でノーベル賞受賞者でもあるエンリコ・フェルミがこれを得意としていたことから名づけられたものです。コンサルティング会社の入社試験に使われている、ということで有名になりました。

よく知られているのは、「シカゴにピアノ調律師は何人いる？」という問いです。

さまざまな求め方がありますが、たとえばまず、シカゴの人口を300万人くらいと推定し、1世帯の人数が平均3人くらいと仮定する。そして、ピアノのある家は平均して5世帯に1世帯くらいと考えると、ピアノの数はシカゴに20万台と推定されます。

さらに、調律が必要なのは平均して年に1回と仮定。調律師が1日に回れる数が平均3件として、年に250日働くとしたら1年で750件。

20万台のピアノに対し1人750件だとすると、約270人。

つまり、シカゴにはピアノ調律師が270人いる。このような推測が可能になります。

フェルミ推定で問われるのは、その結果の正しさではありません。論理の筋道を立てて考えられるかが問われます。

そして、お気づきの通り、ここで使われている手法は「@変換」です。

どんな数字もネット検索で一発で調べることができる時代です。

しかし、今、本当に求められているのは、「ネット検索で出てこないような、答えがない問いに答えを出す能力」です。そのためには仮説を積み上げ、「こうではないか」という数値を出してみる能力が不可欠となります。

@変換はその第一歩となるのです。

1-5 平均のワナ
――数字に騙されないために

▼@変換も平均も決して万能ではない

ここまで、平均および@変換の効能について触れてきました。

ただし、平均はもちろん、万能ではありません。

以下の問いについて、あなたはどう答えますか。

Q 先日、テレビを見ていたら、あるダイエットサプリを使った5人の体験者がその効果を語る、というCMが頻繁に流れていました。そのCMによると、サプリを使った結果として全員の体重が平均で5kg減ったそうです。

「なるほど、効果がありそうだ!」と思うとともに、ふと、「本当に正しいのかな」という疑問が頭をよぎりました。効果がありそうだけれど、モヤモヤする……。あなたならこのモヤモヤをどう説明しますか？

このようなＣＭは本当によく見ます。「えー、本当なの？」と思いつつ、何度も何度も同じＣＭが流れてくると、だんだん欲しくなってきてしまうのが人間の性《さが》というものです。

では、このモヤモヤの正体を突き止めてみましょう。

５人の体重の増減が以下だったとします。

Ａさん　マイナス４kg
Ｂさん　マイナス３kg
Ｃさん　マイナス６kg
Ｄさん　マイナス５kg
Ｅさん　マイナス７kg

これで平均はマイナス５kgになります。

4kg＋3kg＋6kg＋5kg＋7kg＝25kg　25kg÷5人＝5kg

これなら、確かに「みんなちゃんと体重が減っているな」という気持ちになります。

しかし、もし5人の体重の増減が以下だったら、どうでしょう。

Aさん　プラス1kg
Bさん　マイナス7kg
Cさん　プラス2kg
Dさん　マイナス4kg
Eさん　マイナス17kg

Eさんが17kgというすさまじいダイエットに成功している反面、むしろ体重が増えてしまった人が2人もいます。しかし、計算してみると、これでも平均は同じマイナス5kgになるのです。

同じ平均マイナス5kgでも、まったく印象が違うことがおわかりになると思います。

そう、サンプルが少ないと平均は歪むのです。

では、いったいどのくらいのサンプルがあればいいのか……これについては第4章にてお話しさせていただきたいと思います。

▼平均値による判断が歪むとき

さて、次に以下のような問題を考えてみてください。

Q 住宅販売メーカーで営業を担当している私。お客さんの平均年収を計算するとちょうど700万円だったので、年収700万円の人に向けた新サービスを始めたのだが、まったく手ごたえがなかった。どこが間違っていたのだろうか……?

この問題を解くために、冒頭にて取り上げた以下の事例を思い出してください。

「あなたは住宅販売メーカーの販売担当者です。今日、6人のお客さんが相談に来られました。それぞれの方の年収は300万円、400万円、400万円、900万円、1000万円、1200万円でした。今日来たお客さんの平均年収はいくらになるでしょうか」

そして、この例では平均値が700万円となりました。

しかし、ご覧の通り、実際には年収700万円の人は1人もいません。

もし、このデータに基づいて「年収700万円の人に向けたサービスを展開しよう」と考えたら、どうなるでしょうか。

年収700万円の人のためのサービスは、おそらく年収300万円～400万円の人にはちょっとお高く感じられるでしょう。一方、年収1000万円クラスの人にはあまり魅力的に映らないに違いありません。

つまり、偏ったデータから導き出された平均をもとにビジネスプランを考えると、思わぬ落とし穴にはまる可能性がある、ということなのです。

世の中には平均値が溢れていますが、平均値を見たらぜひ、「その数字は偏っていないか」「サンプルの数は十分か」などを考えるクセをつけてほしいと思います。

それが「数字に騙されない」ための何よりのトレーニングになるはずです。

1-6

平均値と中央値
――世界の富は偏在している？

Q　先日、ネットニュースで年収についての統計調査を見たところ、30代前半の自分の年収（420万円）は同年代の男性の平均年収より低いということがわかった。正直、平均よりは少し上くらいだと思っていただけに大ショック。ただ、自分の周りを見回しても、それほど差があるようには思えない。自分は果たして「負け組」なのだろうか……。

▼みんな年収には関心を持つが……

「年収」についての話題はみんな大好きです。ネットニュースはもちろん、広告に「年収」という文字が躍っているとついクリックしてしまう、という人も多いのではないでしょうか。

日本人の平均年収についてはいくつかのデータがありますが、国税庁より発表された「令和2年分 民間給与実態統計調査」によれば、現在の日本人の平均年収は約433万円となっています。

年齢別に見てみると、30代前半の男性では458万円、30代後半では518万円となっています。この問いに出てくる人が男性だと考えると、確かに、この人の年収は平均より40万円ほど低いようです。

しかし、周りを見たとき、年収420万円が「平均より下」というのがどうも腑《ふ》に落ちない、というのがこの人の実感でした。

結論から言うと、この人の実感は正しいのです。

先ほど、サンプル数が少ないと平均が意味をなさない、という話をしました。しかし、これは国が行っている調査ですから、サンプル数は十分なはずです。

このケースはもう一つの問題点である、「数字にあまりに偏りがあると、平均が意味をなさなくなる」というほうに当てはまります。
こうした場合に役立つのが「中央値」です。

▼有給休暇の消化率を考える

中央値の説明をするため、もう少し少人数の身近なケースで考えてみましょう。

昨今、働き方改革の波もあり、社員の残業時間や有給休暇消化率を気にする企業が増えているようです。あなたの会社でもひょっとすると、「有給休暇消化率○○%を達成せよ」などのお達しが出ているかもしれません。

ここに、メンバー9人の部署があり、与えられる有給休暇日数が10日だとします。会社から求められている目標は消化率50%。つまり、1人当たり5日取れば50%ということになります。

そして期末に集計したところ、結果はちょうど50%だったとします。目標を達成できてほっとひと安心です。

しかし、ちょっと待ってください。もしその中に、「その年の有給休暇だけでなく、これまで累積してきた有給休暇をフルに使いきった人」がいたらどうなるでしょうか。こんな感じです。

Aさん　5日
Bさん　2日
Cさん　0日
Dさん　0日
Eさん　8日
Fさん　20日
Gさん　5日
Hさん　2日
Iさん　3日

計算すると、これで平均有給休暇消化日数は5日です。

ただ、改めて指摘するまでもなく、何かおかしいと気づくでしょう。有給休暇消化がゼロの人がいる一方、20日も有給休暇を取っている人がいるからです。

こうした場合、極端な数字を外して平均値を取る、という考え方もあります。フィギュアスケートの採点では、最高得点と最低得点を外してカウントしていますが、それと同じような考え方です。

しかし、では何が極端な数字なのかという判断は結局、その人の主観になってしまいます。

▼そもそも「有給休暇消化」を平均で見ることが誤り

そこで、より実感に近い数字を得たい場合、「中央値」を探るのです。

中央値とは、すべての人を並べたときに、そのちょうど真ん中に位置する人の数値を示すものです。このケースの場合は9人のチームですから、ちょうど「上からも下からも5番目」に当たる人を指します。

この場合、中央値は「3」です。となると、消化率は30%。このほうがむしろ、肌感覚に合う数値になると思います。

そもそも、誰かが極端な数字を出す可能性がある場合、目標を「平均値」で定めてはい

●中央値と平均値

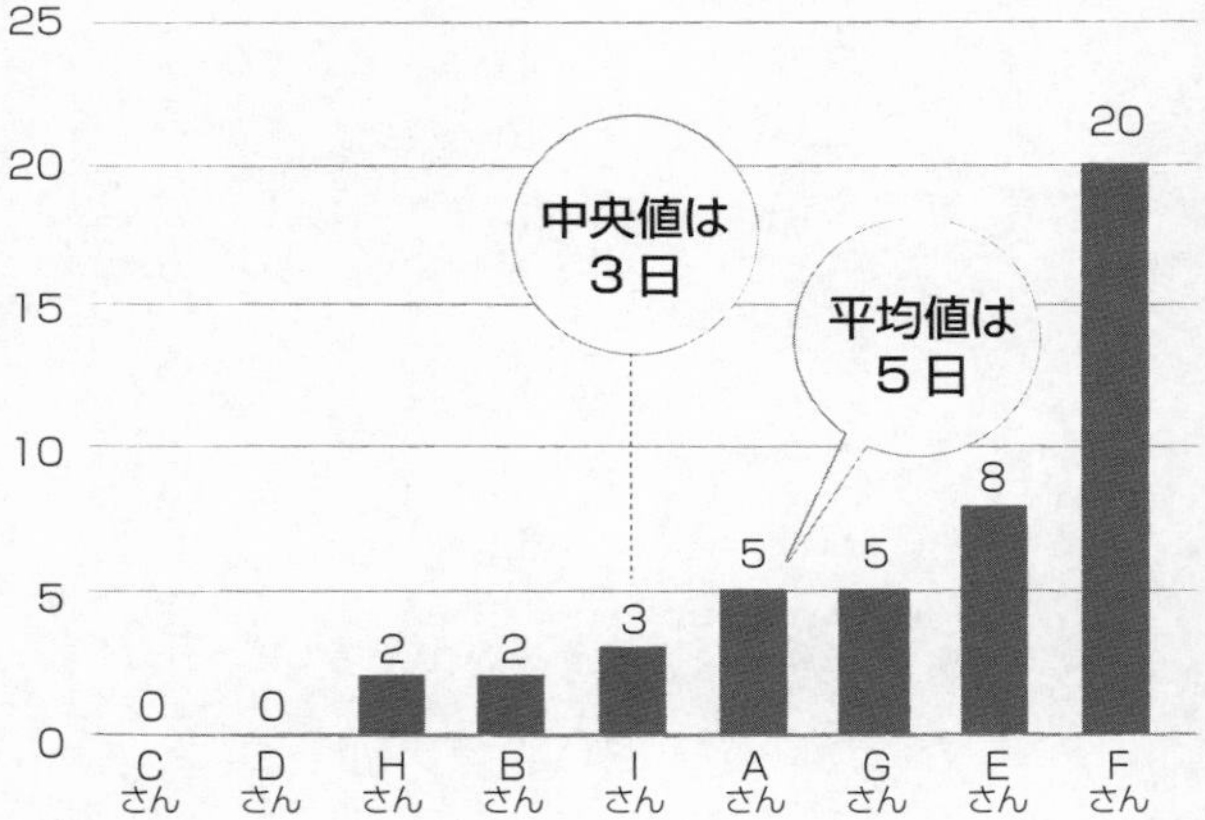

けないのです。

ちなみに労働基準法の改正により、2019年4月1日以降、従業員に年5日の有給休暇を取得させなければ、企業に罰則が科されることになりました。もし平均が5日であっても、1人でも5日未満の人がいてはならないのです。

つまり、目標は平均値でも中央値でもなく、「5日」という明確な数字で定めるべきなのです。

▼世界の富は偏っている

さて、最初の「日本人の平均年収」の話に戻りましょう。

実は年収や資産というのは、大きな偏り

があるものです。

「世界の富の半分近くを、世界人口のたった1％の富裕層が握っている」という話を聞いたことがある人もいるかと思います。この数値の信憑性については諸説あるようですが、世界の富が偏在しているというのは、おそらく多くの人の共通認識だと思われます。

日本は欧米に比べれば格差が小さいと言われていますが、年々格差が広がっていることは多くの人が実感していることでしょう。

厳密に言えば富（資産）と年収（収入）とは違いますが、やはりここにも大きな格差があるのは事実です。そのため、年収の平均値を取ろうとすると、どうしても実感よりも引き上げられてしまうのです。

そこで、日本人男性の年収の「中央値」を見てみることにしましょう。

いろいろなデータがあるのですが、たとえば、

30代前半：３３０万円

30代後半：３６７万円

という数字が出てきます。

つまり、日本人の30代前半の男性を年収順にずらっと並べたとき、ちょうどその真ん中にいる人の年収は330万円ということです。

右の数字にはボーナスが含まれていないようですが、先ほどの問題に出てきた年収420万円の人は、平均値以下ではあっても、順序的には「平分より上」に当たると考えられるでしょう。

「勝ち組」「負け組」という言葉は好きではありませんが、仮にちょうど中央にいる人より上が勝ち組で、それより下の人が負け組とするのなら、年収420万円は勝ち組になる、ということです。

ざっくり全体像をつかむ際には@変換を使います。その結果に違和感を抱いたら、中央値をチェックすることでより踏み込んで考えてみる。そのように使い分けていただくといいと思います。

第2章

世の中のすべては「確率」で動く

――シナリオ・プランニングとファネルの話

2-1 確率を知らなければ、ゲームには勝てない

Q コイントスを2回行って、2回とも表が出たら100円もらえるというゲームをすることになりました。ゲームに勝てる確率はどのくらいでしょうか。

▼回数が増えれば増えるほど、すべては確率通りになっていく

またも単純すぎる問題で恐縮です。これもひっかけ問題ではありませんので、普通に計算していただければ結構です。

1回目で表が出る確率

1÷2＝50％

2回目で表が出る確率
1÷2＝50％
2回とも表が出る確率
50％×50％＝25％

答えは25％。つまり4回に1回の割合でゲームに勝てる、ということになります。

とはいえ、このゲームを4回連続で行ったとして、一度も勝てないこともあれば、二度も三度も、あるいは全勝することだってあるかもしれません。

しかし、ゲームを繰り返せば繰り返すほど、この確率の計算通りの数字に近づいていくはずです。おそらく1万回も行えば、ゲームに勝つ回数は4分の1である2500回に限りなく近づいていることでしょう。

ここで言いたいのは、世の中のほとんどのものは、こうした統計的なルールに基づいて動いているということです。

一見、ランダムに見えるものも、トライアルを繰り返せば繰り返すほど、そのあるべき確率に近づいていきます。これを「大数の法則」と言います。

▼その成功は「まぐれ当たり」ではないか？

ここから得られる教訓は二つあります。

一つは、何事も成功の確率がどのくらいあるかを考えてから、行動を起こすべきだということ。低い可能性にかけてアクションを起こし、たまたま最初にまぐれ当たりしたとしても、結局はあるべき数値に戻っていってしまうからです。

ビジネスはギャンブルではありません。長く活動を続けるためには、最初に確率を考えることが不可欠です。

そしてもう一つは、「最初のうちは、想定通りにいかなくても焦らない」こと。確率が50％のはずのコイントスでも、表だけ、あるいは裏だけが3回も4回も出続けることはあります。確率で言えば、3回連続で同じ面が出る確率は12・5％、4回連続だと6・25％。決してレアな数字ではありません。

しかし、人は失敗が続くと不安に駆られるものです。そして、もう少し頑張れば成果が出るかもしれない状況にもかかわらず、手を引いてしまう。それは非常にもったいないことです。

▼期待値を導き出す

さて、ここでもう一つ覚えておいてほしい言葉があります。それが「期待値」です。確率を「1回のトライで得られる見込み」の値に落とし込んだものです。

先ほどのゲームは、コイントスを2回して、2回連続で表が出たら100円をもらえる、というルールでした。それ以外の場合はゼロ円です。

この場合の期待値は、以下の計算で求めます。

2回連続で表が出る確率25%×100円＝25円

期待値は「25円」になります。「このゲームに挑戦することで、25円を得ることができるだろう」という予測が立つ、ということです。

最初のうちは100円が連続で手に入ったり、一方でひたすらゼロ円が続いたりすることがあるかもしれません。しかし、やればやるほどもらえる額の平均値は25円に近づいていくはずです。

もし、このゲームの参加費が「20円」だったらどうでしょうか。やればやるほど多くのお金を得ることができるでしょう。一方、参加費が「30円」ならば、やればやるほどお金が減っていく、ということになります。

▼サイコロのギャンブルで考えてみると……

そんなの当たり前だろ、と思うかもしれませんが、数字が複雑になればなるほど、期待値は見えにくくなります。

次に、サイコロを使ったギャンブルを考えてみましょう。

サイコロを振って、出た目に1万円をかけた金額がもらえるギャンブルがあるとします。1が出れば1万円。2が出れば2万円。6が出れば6万円です。

サイコロは機械によって振られるので、イカサマはできないこととします。サイコロの目が出る確率はそれぞれ6分の1。期待値の計算はこうなります。

1／6×1万円＋1／6×2万円＋1／6×3万円＋1／6×4万円＋1／6×5万円
＋1／6×6万円＝3・5万円

1／6×1万円が「1が出た場合」、1／6×2万円が「2が出た場合」を表します。それらの数字を全部足していくことで、期待値が割り出せます。

ここでの期待値は「3・5万円」、すなわち3万5000円となりました。

つまり、もしこのギャンブルの参加費が3万円だったら、やり続けることで確実に儲けることができるということになります（途中で手持ちのお金が続かなくなれば別ですが）。一方、参加費が3万6000円だとしたら、最初のうちは儲かっても、続ければ続けるほど損をすることになります。

ちなみに世の中のギャンブルはほぼすべて、「投資金額よりも期待値が低い」ようにできています。それは当然の話で、期待値よりも投資金額が少ないギャンブルがあったら、誰でもいくらでも儲けられることになり、運営が成り立ちません。

ではなぜ、人はギャンブルをやるのか。それは「儲かるかもしれない」というワクワク感を買っているということなのでしょう。

ギャンブルならば少ない確率にかけて夢を追うのもいいかもしれませんが、ビジネスではそれはご法度です。ビジネスはしっかりと確率を計算し、それに基づいて行われねばなりません。その結果によって社員やステークホルダー、あるいは世間に大きな迷惑を与える可能性があるからです。

▼期待値をビジネスに活かすには？

期待値をビジネスに活かすとしたら、どのような方法が考えられるでしょうか。以下の問いを考えてみてください。

Q 自動車メーカーでマーケティングの仕事をしているAさん。今、予算内でどんな広告キャンペーンを打つかをチーム内で議論しています。テレビCMは過去の経験上、大外れすることは少なく、最高で1000万円、最悪でも500万円の広告効果が見込めます。一方、最近はネットのキャンペーンに注目が集まっています。これまでやってきたネットキャンペーンの確率は五分五分でしたが、成功するとかなりの効果があるのが特徴。広告効果は最高で2000万円、ただ、外れるとテレビCM以下の300万円くらいのこともあります。

社内ではああでもない、こうでもないと議論が続いていますが……。果たして、どのように考えればよいのでしょうか。

では早速、期待値を計算してみましょう。

ここでの広告効果は、キャンペーンによる売上押し上げ効果（キャンペーンによって発生した売上）と考えると理解しやすいと思います。たとえば、お買い得価格で商品を買えるキャンペーンを展開するとして、それをテレビCMで告知するのか、ネットキャンペーンで告知するのか、といった問題になります。

テレビCMは「大外れすることが少ない」ということで、仮に「成功率75％」と考えてみましょう。成功すると1000万円、失敗すると500万円の売上増が見込める、という仮定にて計算をします。

1000万円×75％（成功のケース）＋500万円×25％（失敗のケース）＝875万円

一方、ネットキャンペーンのほうは「五分五分」ということで、成功も失敗も50％ずつ

●期待値の考え方

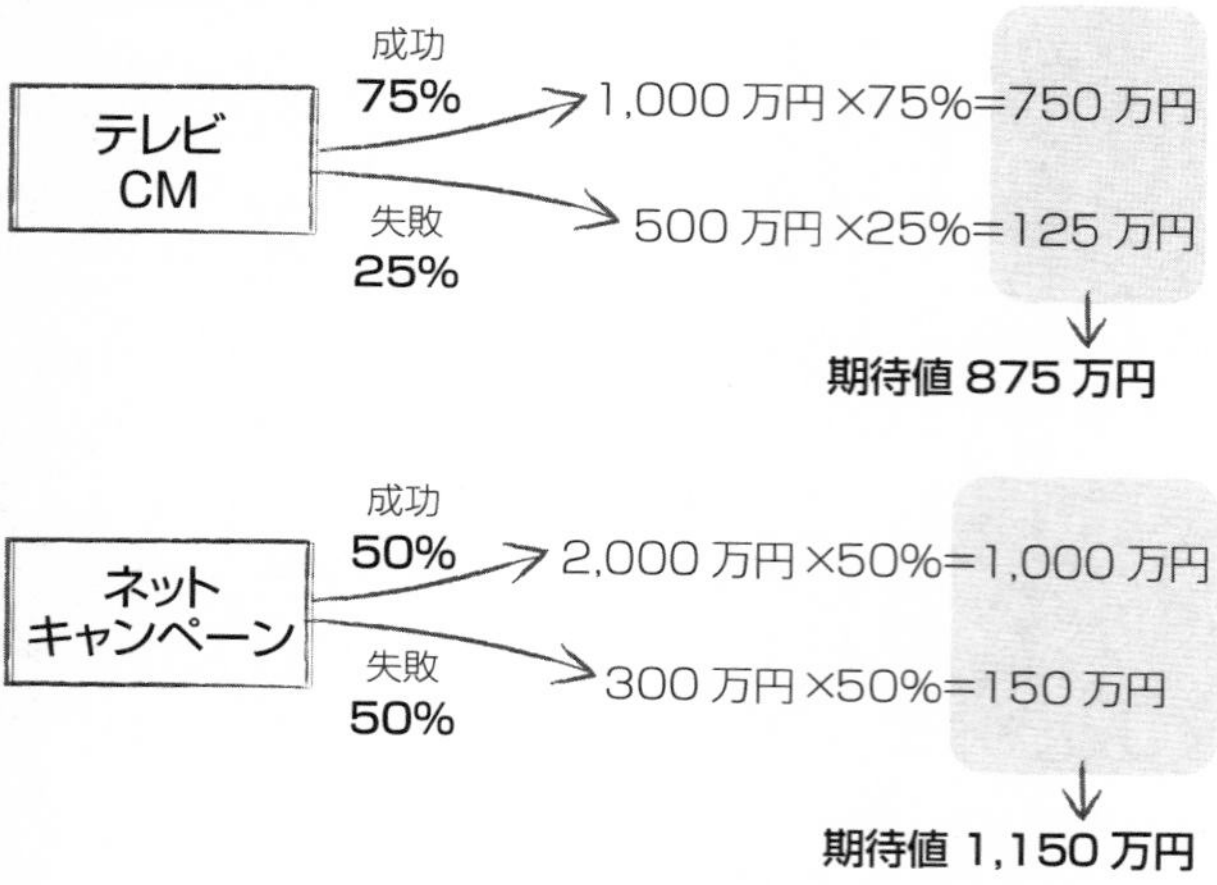

で計算します。

すると、以下のような計算になります。

2000万円×50％（成功のケース）＋300万円×50％（失敗のケース）＝1150万円

このように、あくまで「期待値」の上では、ネットキャンペーンに軍配が上がることになります。

また、期待値という具体的な金額が見えれば、このキャンペーンにいくらまで予算を使ってもいいかが見えてきます。広告コスト、お買い得価格の設定など、予算を分解して考えることが必要になるでしょう。

▼重要なのは「議論のベースを作ること」

ここで上げた確率はあくまで仮ですし、得られる広告効果ももちろん推定です。「成功すれば1000万円、失敗すれば500万円」などと単純に切り分けられるものではなく、結果がその中間に収まることも多いでしょう。

しかし、ここで重要なのは「議論のベースを作ること」です。仮でもいいので具体的な確率と数字を出すことで、議論が前に進むようになるのです。

たとえばこの数字を見て、「テレビCMの成功率はもう少し高いはず。85%は堅い」と主張する人がいたとします。その主張に沿って計算してみると、以下のようになります。

1000万円×85%（成功のケース）＋500万円×15%（失敗のケース）＝925万円

これでも、ネットキャンペーンのほうが効果は高い、という計算になります。

一方で、「ネットキャンペーンで成功したとしても、いわゆる〝バズる〟のはせいぜい5回に1回くらいだろう」と主張する人がいたとします。この場合、たとえば「バズったときには2000万円」「〝プチ成功〟のときは1200万円」で計算してみます。

2000万円×10％（5回に1回の〝バズり〟）＋1200万円×40％（5回に4回の〝プチ成功〟）＋300万円×50％（失敗のケース）＝830万円

今度はテレビCMのほうが期待値が高い、ということになります。

こうした数字がないと、「テレビCMのほうがいい」「いや、これからはやっぱりネットキャンペーンだ」といった感覚や好みだけで主張し合う不毛な議論が延々と続くことになります。仮でもいいので確率を出し、期待値を計算してみることで、議論を前に進めることができるのです。

2–2 「確率」でシナリオを描いておく

Q　あなたは自動車会社のマーケティング担当です。新車の販売数を２０００台増やすよう指示されており、それに沿ったマーケティングプランを作成し、上司のところに持っていきました。それに対して心配性の上司は「絶対にうまくいくんだろうな！」との念押しが。絶対なんてあるわけがないのに……。果たして、どう答えるのが正解でしょうか。

▼シナリオ・プランニングとは何か？

ビジネスに限らず、世の中に「絶対」などありません。にもかかわらず「絶対に大丈夫だろうな？」「本当にできるのか？」と念押しをする上司がいかに多いことか……。

しかし、それを嘆いても仕方がありません。ここも統計学を応用して答えましょう。

ここで使えるのが「シナリオ・プランニング」です。

前項で、広告効果がどれくらいあるかについて、ざっくりとした確率を出した上で、その期待値を計算しました。基本的な考え方はこれと同じです。

たとえば、経験上「かなりうまくいく」施策があったとします。その「かなり」とは何%なのか、数値化していきます。

過去の同様の施策を調べてもいいでしょう。ある程度「勘」で決めてしまっても問題ありません。そして、「10回に8回くらいは成功している」というメドが立てば、「成功確率80%」とします。

このケースの場合、自分の立てたマーケティング施策の成功率がどのくらいか、客観的な視点で数値化してみます。「かなりの確率でうまくいく」「半々」「ちょっと厳しい」などの定性的な見込みしかなければ、とりあえずでよいので数値化します。

ここでは仮に「成功7割、失敗3割」としておきます。

●新車販売キャンペーンのシナリオ

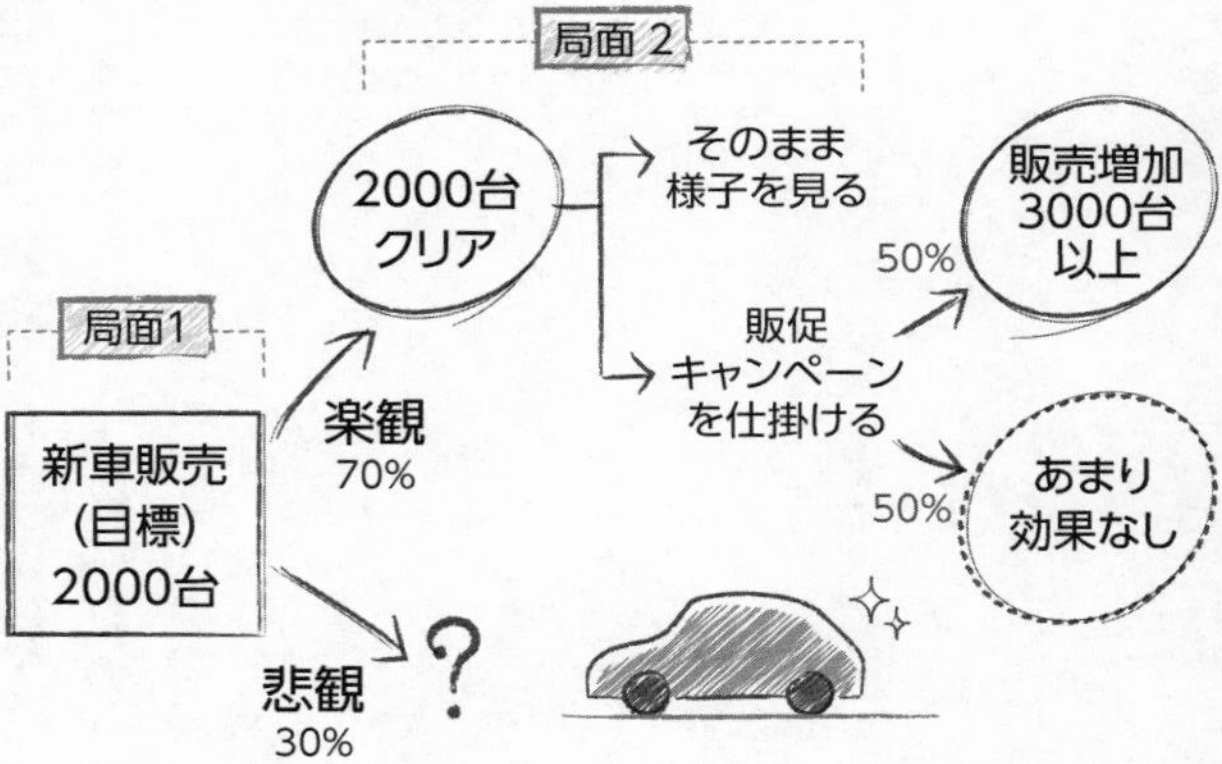

★意思決定と、運に左右される事柄は区別する

ポイントはさらに、もう一手先までのシナリオを描いておくことです。

図をご覧ください。まずはこのように「楽観シナリオ」と「悲観シナリオ」に分岐させます。楽観シナリオとは、いわば成功シナリオ。計画の2000台かそれ以上の販売台数を達成した未来です。ここに至る確率は7割。

一方、悲観シナリオは、目標にまったく届かなかった、という残念な未来です。この未来は、3割の確率で訪れてしまうと考えます。

重要なのはここからです。楽観と悲観、それぞれのシナリオの「その先」を考えておくのです。

▼重要なのは「悲観シナリオ」のほう

うまく楽観シナリオに向かった場合、そのまま放置してもいいのですが、さらなる販促キャンペーンを仕掛けるのも一案です。その場合、今度は五分五分でそれが成功すると考えて、「3000台以上を達成」と「あまり効果なし（2000台で変わらず）」というシナリオに分岐させます。

より重要なのは「悲観シナリオ」のほうです。

人は成功することよりも失敗することを恐れる傾向があります。組織も同様です。成功よりも失敗のほうに反応するのが組織というもの。うまくいっているときには何も言われないのに、いざ雲行きが怪しくなると「どうするんだ！」「責任を取れるのか！」と説明を求められるのは、世の常です。

さらに、人は思っていたような成果が出ないとき、思考停止に陥りがちになります。力を入れたプランであればあるほど、あるいは成功すると信じ込んでいたものほど、それが思い通りにいかなかったときに頭が真っ白になってしまうのです。

それを避けるための方法は、最初からうまくいかなかったときのことを想定しておくこと。つまり、悲観シナリオに流れそうになったときのシミュレーションをしておくのです。

すると、思考停止に陥ることなく、非常時にも淡々と行動を起こせるようになります。

▼仮でいいので「確率」を出してみる

この場合、二つのアイデアがあるとしましょう。

一つ目は、「大幅値下げ」です。

これは過去、約80%の確率で成功してきたとします。うまくいくと売上は1・5倍になりますが、収益率はどうしても下がってしまいます。

また、値下げをしたとしても20%の確率で効果が出ないこともあります。その場合、収益率が落ちる上に効果も出ないということで、損失は非常に大きくなります。

二つ目は、「増売キャンペーン」です。

こちらの成功確率は50%程度で、成功すると売上は1・5倍に増えるとします。値下げほどの効果はないかもしれませんが、失敗したときの傷は比較的浅いといえます。

これをまとめたのが次ページの図です。

全体像が見えれば「失敗の確率」も見えてくる

さて、これで全体像が見えました。改めて成功確率と失敗確率をまとめてみましょう。

・最初からうまくいき、追加施策も当たり、売上3000台以上の「大成功」になる確率
70%×50%×50%＝17・5%

・とりあえず目標の2000台は達成できる確率
最初からうまくいき、その後何もしなかった場合　70%×50%＝35%
最初からうまくいったが、追加施策は当たらなかった場合　70%×50%×50%＝17・5%

・目標には到達しなかったが、なんとかリカバリーできる確率
値下げでリカバリー　30%×50%×80%＝12%
キャンペーンでリカバリー　30%×50%×50%＝7・5%

・完全なる失敗

●新車販売キャンペーンのシナリオ（まとめ）

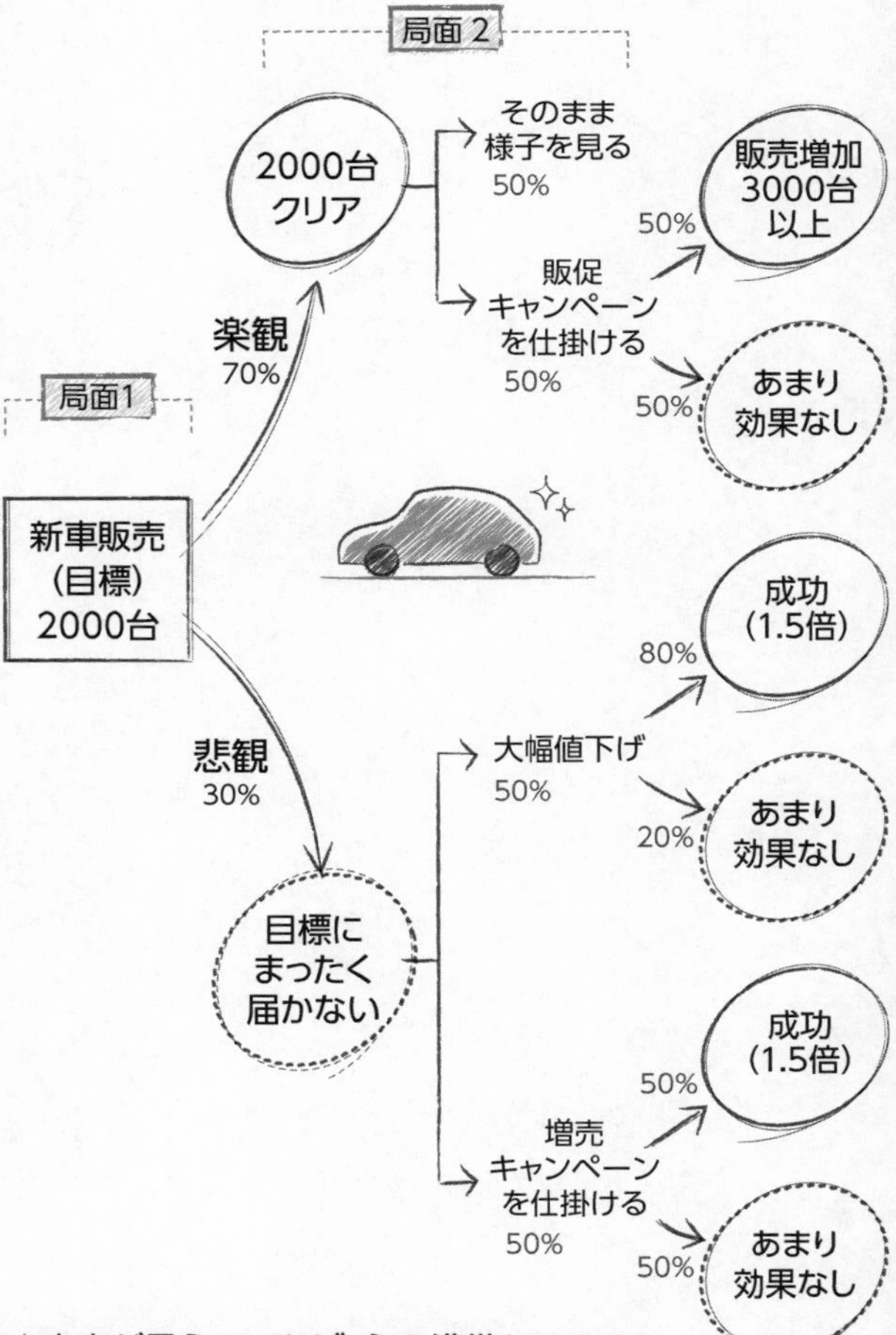

★未来が見えていれば、心の準備もできる！

最初からつまずき、値下げもうまくいかなかった　30%×50%×20%＝3%
最初からつまずき、キャンペーンもうまくいかなかった　30%×50%×50%＝7・5%

まとめますと、
・大成功の確率　17・5%
・成功　52・5%
・なんとかリカバリー　19・5%
・失敗　10・5%
となります。


いかがでしょうか。

完全なる失敗に終わるシナリオは、最初の段階で悲観シナリオに振れ、その後大幅値下げも増売キャンペーンも効果がなかったとき。確率は約10%です。

冒頭の問いに戻りましょう。

絶対に大丈夫かと聞かれたら、「9割成功します。でも、1割はリスクがあります」と答える。根拠は何かと聞かれたら、先ほどのシナリオに沿って説明する。こうすれば上司も「絶対なんてない」ことに対して納得せざるを得なくなることでしょう。

▼プラン全体の「期待値」を見てみると……?

ちなみにこのシナリオに沿って、「期待値」を計算することもできます。

仮になんとかリカバリーできた場合を「1700台」、失敗を「1200台」として計算してみましょう。

・大成功　3000台×17・5%=525台
・成功　2000台×52・5%=1050台
・なんとかリカバリー　1700台×19・5%=332台
・失敗　1200台×10・5%=126台
計2033台

わずかですが、期待値が目標を上回っています。

実際にはもう少し高い数字が欲しいところではありますが、とりあえずは「成功する確率のほうが高いマーケティングプラン」だと言えそうです。

2-3 仕事に使える「555ファネル」の話

Q 法人に対して研修ビジネスを提供しているわが社。最近の業績落ち込みに対し、昔気質《かたぎ》のA課長と何事にも合理的なB課長が営業方針を巡って対立している。「今の若いもんは足で稼ぐということを知らない。やっぱり顧客へのアプローチ数を倍にすべきだ」とはA課長。一方B課長は「提案後のクロージングの精度を上げるべき。教育とツールの導入でここを倍の成功率にすることが不可欠だ」との意見。果たしてどちらが正しいのか。

▼できる営業は「ファネル」を意識する

序章でお話ししたように、今のビジネスに求められているのは「数字で語る」ことです。たとえば「もっと」なら、「具体的にどのくらい〝もっと〟なのか」を数字として示すのです。

たとえば営業の現場で、「もっと訪問件数を上げよ」というのなら、具体的に何軒回るべきかを決める。「もっとクロージング時の成功率を高めよ」というのなら、現在40％の成功率を50％に上げる、など。

昔気質の営業パーソンは「つべこべ言わずに動け」などと言いそうですが、実は営業こそ「数字で語り、数字で動く仕事」なのです。

ここでぜひ、知っておいてもらいたい言葉があります。それは「ファネル」。言葉自体は前からあったものですが、ここ数年、オンラインビジネスが急速に発達するにつれ、使われることの多くなっている言葉です。

ビジネスの進捗をステップごとに分解し、その確率を計算していくことを指します。

たとえば、まずはメールにて100社の顧客に新商品の案内を送ったところ20社から関心があるとの返事をもらった。その人たちのところを訪問し、詳細な説明をしたところ、10社が社内稟議《りんぎ》にかけてくれた。さらにクロージングを行ったところ、5社で採用が決まった。この場合「100社→20社→10社→5社」というファネルになります。

ファネルとは「漏斗《ろうと》」という意味。ステップごとに案件数が絞られていく様子が、入り口が広く徐々に狭くなっていく漏斗の形と似ているため、この名前が付けられています。

この考え方自体は昔からあるものです。できる営業パーソンは意識しているかいないかはともかく、「新規を取るにはあと10件はアプローチしないと」などと確率から逆算して活動を行っているものです。

それを数値化して明確化したものがファネルなのです。

▼壁を突破する確率は？

このファネルを明確化すると、営業がギャンブルから「科学」になります。

たとえば、先ほどのように「100社→20社→10社→5社」というファネルのビジネスなら、「20件の顧客にアプローチすると、1件成約する」という計算になります。もし、「あと10件注文を取ってこい！」という指示があったら、逆算して200件の顧客にアプローチすればいいということがわかります。

あるいは、なんらかの手を使ってメールに対する顧客の反応を倍にすることができれば、どうでしょう。１００社にアプローチして今までは反応が20件だったのを40件にできれば、単純に成約率は倍になります。すると、アプローチ数１００件でも、目標の10件の成約が見込めることになります。

営業活動を行うに当たっては、いくつかの「壁」があります。まずは相手に話を聞いてもらえなければ商談をスタートすることはできませんし、提案しても断られてしまうこともあります。「いける！」と思っていた案件が、最後のクロージング段階で相手の会社の稟議が下りず、土壇場でキャンセルになることもあります。

営業活動とは、こうした壁を突破していく活動だと言えるでしょう。

この「壁を突破する確率」のことを、「コンバージョン・レート」と呼びます。

▼それぞれの数字を倍にしてみると……

さて、冒頭の例に戻りましょう。

二人の課長の意見は、以下のプロセスで判断することになります。

・顧客へのアプローチ数、実際にアポが取れた数、提案を検討してもらった数などのデータを集める
・それぞれの「壁」の突破率（コンバージョン・レート）を計算する
・その率に合わせて、自社の「ファネル」を導き出す

ここでは単純化するため、仮に営業を「訪問→提案→クロージング」の三つのステップで行っているとしましょう。

仮に、それぞれの壁の突破率が50％だとすると、以下のようになります。

訪問成功率（50％）×提案成功率（50％）×クロージング成功率（50％）
＝商談成約率12・5％

8回トライして成功するのは約1回。仮に100人の顧客に案内を行ったとしたら、成約するのは12件か13件。思ったより低いと感じた人も、意外と高いと思った人もいることでしょう。

●555ファネル

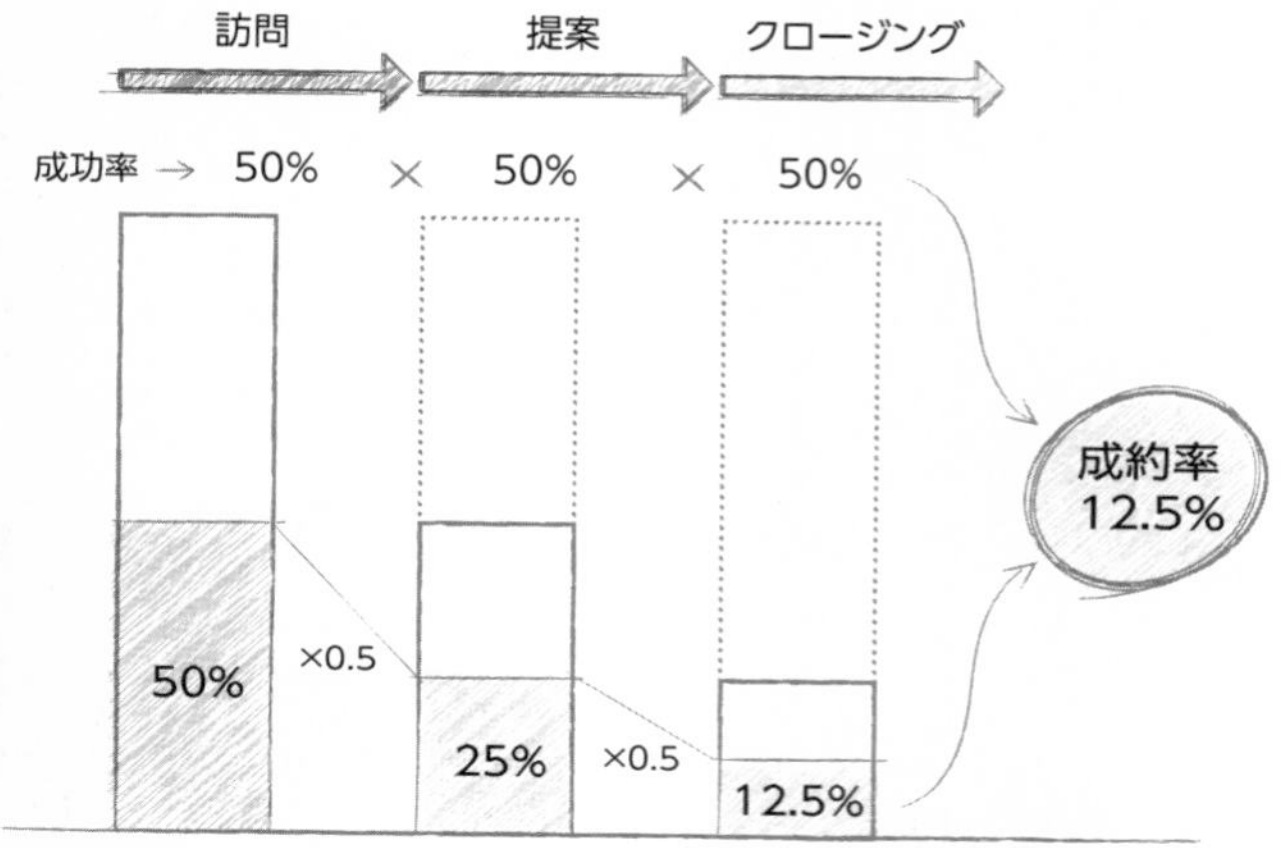

突破率50%ずつということで、これを「555ファネル」と呼びます。

ではまず、熱血課長の「アポを倍にする」施策を取ると、どうなるでしょうか。

200件×訪問成功率（50%）×提案成功率（50%）×クロージング成功率（50%）
＝25件

当たり前といえば当たり前ですが、成約数は倍になりました。

一方、理性的な課長の「クロージング率を倍に」だと、どうなるでしょうか。

１００件×訪問成功率（50％）×提案成功率（50％）×クロージング成功率（１００％）
＝25件

訪問件数を2倍にしても、クロージング成功率を2倍にしても、結果は同じ25件。計算力のある人なら「当たり前じゃないか」という話です。

この結果を受ければ、「A課長の言うこともB課長の言うことも同じ」というのが答えとなります。

▼「足で稼げ」が実は正解!?

しかし……ここで冷静になって考えてみてください。どれだけ提案力を上げるトレーニングを積んだところで、「クロージング成功率が１００％」になることなど、あるでしょうか。いくら素晴らしい営業トークを編み出したとしても、不確定要素は必ず発生します。突然トップの方針が変わった、思わぬ出費で予算が尽きてしまった、など……。

また、営業にはどうしても向き不向きがあります。どんなに営業ツールや商品力を磨き上げても、それをうまく伝えられなければ意味がありません。「なんとなく相手のことが気に入らない」という個人の好みで決まってしまうこともしばしばあります。

さらに言ってしまえば、ここでは当初のクロージング成功率を50％と見積もりましたが、もしこれが60％だったらどうなるでしょうか？

これを倍にしたクロージング成功率１２０％というのは、10人のお客さんに案内すると12人のお客さんが買ってくれるということ。どう考えてもあり得ませんよね。

もちろん、あまりにもクロージング率が低く、それをちょっとした努力で伸ばすことができるのなら、話は別です。しかし、あくまで計算上の話で言えば、「訪問数を稼げ」というA課長のほうが正しいことになるのです。

ただ、そこで問われるのは「伝え方」です。「とにかく営業は足で稼げ！」と命令するのと、「自社の営業ファネルはこうなっている。だから、アプローチ数を倍にしたい」と伝えるのとでは、営業パーソンの納得感が違います。また今は、デジタルを活用して、アプローチ数を倍にするなど、いろいろな打ち手が考えられます。足ではなく、頭とデジタルツールで数を稼ぐ方法もあるのです。

営業というのは大変な仕事です。断られることも多く、ストレスが溜まります。成果を上げるためには準備が必要ですし、その準備も空振りに終わることが多々あります。

そんなとき、明確な数字をもとに「これだけやれば、きっとできる」と言ってくれるマネージャーの存在は、きっと希望を与えてくれるはずです。

2-4 世の中すべては「335」になる!?

Q 今度、アフリカ雑貨を専門とする輸入業を始めることにしました。しかし、とにかく類例がないので、どのくらい売れるのかがさっぱりわからない。統計学でなんとかなりませんか?

▼新規開拓は「335」になる!?

アフリカ雑貨とはなかなかマニアックです。類似の商品を扱う店や統計データがあればそこからある程度推測できそうですが、このケースではあまり期待できそうにありません。

とはいえ、ベースに数字を置くことができなければ、ビジネスではなくギャンブルになってしまいます。

ここでは、ある程度汎用的に使える「ファネル」について紹介しましょう。それは、「335ファネル」です。

先ほど取り上げた法人営業の例では、仮に、

訪問成功率（50％）×提案成功率（50％）×クロージング成功率（50％）＝商談成約率12・5％

という式を使いました。「555ファネル」です。

あくまで仮の数字ではありますが、実際に法人営業のいわゆる「ルートセールス」の世界では、これに近い数字になることが多いのです。

一方、この人が始めようとしているアフリカ雑貨の輸入業は新規開拓営業になると思われます。新規開拓営業は、すでに人間関係ができているルートセールスに比べ、当然ながら成功率が下がります。

一般的には、次のような数字になることが多いです。

●335ファネル

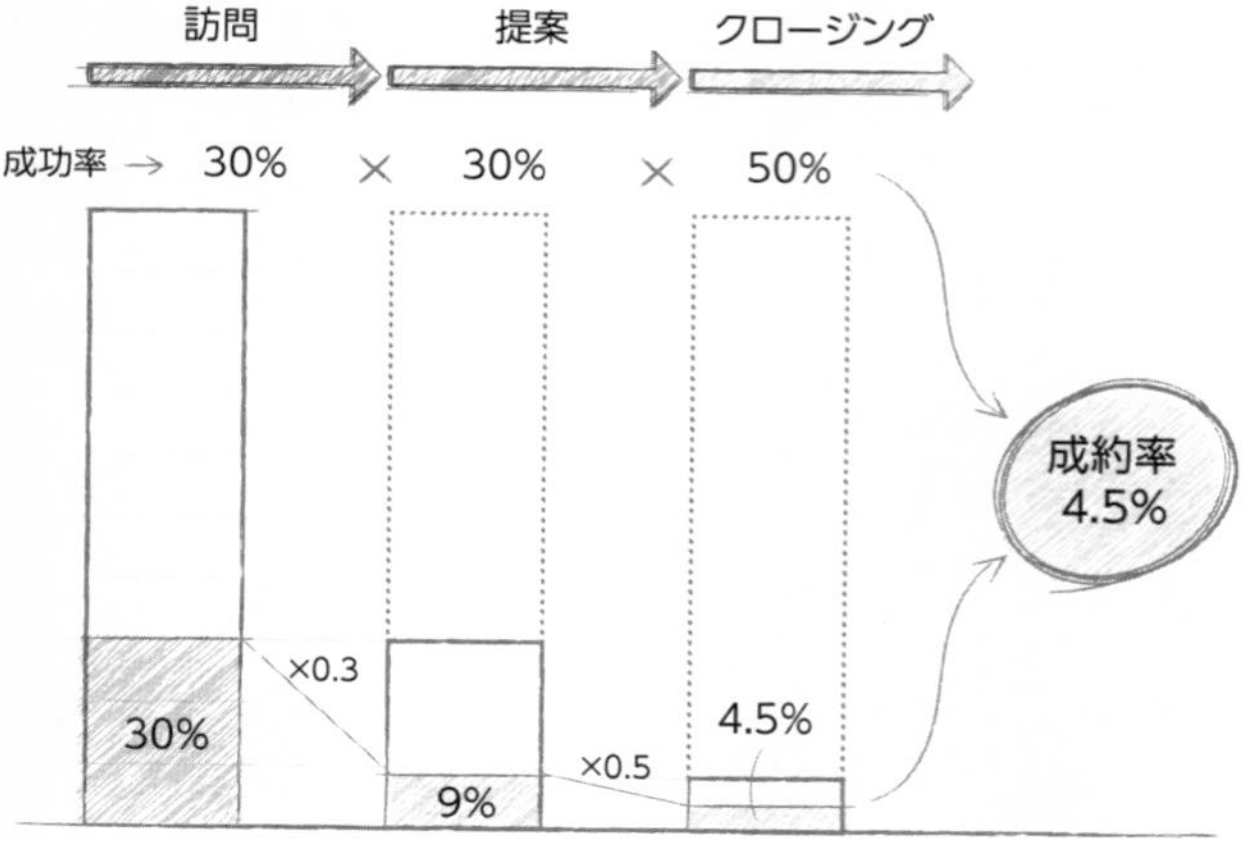

訪問成功率（30%）×提案成功率（30%）×クロージング成功率（50%）＝商談成約率4・5%

訪問して担当者と直接会い、具体的な提案をさせてもらえるようになるまでの確率が3割。その提案が相手に刺さる確率がさらに3割。そこまでいけば、あとはクロージングの成功率は5割くらいまで上がる。そんなイメージです。

成約率は約5%。先ほどの「555ファネル」では12・5%でしたから、だいぶ可能性が下がってしまいました。

▼営業にとって最大の難所は？

ちなみに、実際に新規開拓に携わる人からは「これでも成功率が高いほうでは？」という声が聞こえてきそうです。

実は、新規開拓にはその前に大きな壁が立ちはだかっています。それが「アポイント」。「335ファネル」は訪問したところからのスタートでしたが、まずは顧客を見つけ、会ってもらうまでがこの仕事の一番大変なところなのです。

仮に、この成功率を10％、つまり10回アポイントを試みて1回会ってくれる、ということにしましょう。すると、先ほどの計算式は以下のようになります。

アポイント成功率（10％）×訪問成功率（30％）×提案成功率（30％）×クロージング成功率（50％）＝商談成約率0・45％

成約率は実に0・5％。まさに、200回アポイントを試みてやっと1件成約する、という数字です。新規開拓営業はそれほど大変な仕事なのです。

アフリカ雑貨の販売先の候補はどういうところでしょうか。百貨店や雑貨店はもちろん、おしゃれなインテリアとしてカフェなどのニーズもあるかもしれません。とはいえ、200件のうち1件の成約率だとしたら、豊富なアポイント先のリストがないと、ちょっと厳しいでしょう。

▼すべてのビジネスは「335」になる!?

さて、この335ファネルですが、面白いことに世の中のさまざまなものが、この335ファネルのような数字になります。

たとえば、小売店での販売、ネットでのダイレクト販売、通信販売などです。まず、興味を持つ人が30%くらいいて、その中で本当に欲しくなる人が30%、実際に購入に踏み切る人が50%、という具合です。

どうでしょうか。「なんとなくそんなものかな」という気がしないでしょうか。

これを、古典的なマーケティング理論「AIDMA」モデルに即して説明すると、以下のようになります。

A（Attention）：気がつく、注意を喚起される

I（Interest）：興味を持つ（30%）

D（Desire）：欲しくなる（30%）
M（Motivation）：購入する動機（モチベーション）が湧く
A（Action）：購入する（動機と購入で50%）

先ほどお話ししたように、大変なのはA（Attention）です。ただ、その後は335という意外と高い成功率で進んでいく。

私はこれまで、オンラインでの銀行口座開設や金融商品の販売、クレジットカードの入会促進や保険販売、メルマガを使ったネット通販やコールセンターを使ったダイレクト販売などのプロジェクトに関わってきましたが、どんなケースでも不思議なほどに335ファネルの5%くらいの水準に落ち着くのです。

▼リアルが難しければネットもあり

さて、法人に売り込むのがちょっと難しい、となったら、ネット販売を検討してみる手もあるかもしれません。おしゃれな雑貨に興味がある人はそれなりの人数になりそうですから、そういう人たちに対してネット広告を打ってみるのです。

ネット広告（ターゲット広告）はアポ取りのようなものなので、うまくいけば0・45％くらいの確率での成約が見込めるかもしれません。

それにしても、なぜ分野もターゲットも違うさまざまなビジネスが、同じような確率に落ち着くのでしょうか。

これは不思議なことではなく、実は統計学から導き出される真理でもあるのです。どういうことなのか。次章でご説明しましょう。キーワードは「正規分布」です。

第3章

世界は「正規分布」でできている

――実は役立つ「偏差値」の話

3-1

「バラツキ」を数値化すると……

Q 私の担当する2組のテストの平均点と、B先生の担当する1組の平均点は約52点でほぼ同じ。でも、教頭から「B先生のクラスに比べてあなたのクラスの生徒は点数のバラツキが大きい。クラスに一体感がないのでは？」と言われてしまった。確かにできる生徒と授業についていけていない生徒が分かれている気もするが……。そんなの、どうやって調べればいいのだろうか。

▼うちのクラスは生徒間の差が大きい!?

ここまでは主に「平均」という考え方で話を進めてきましたが、もう一つ、知っておくと便利な統計学の知識があります。それが「分散」です。

●1組と2組の生徒の点数

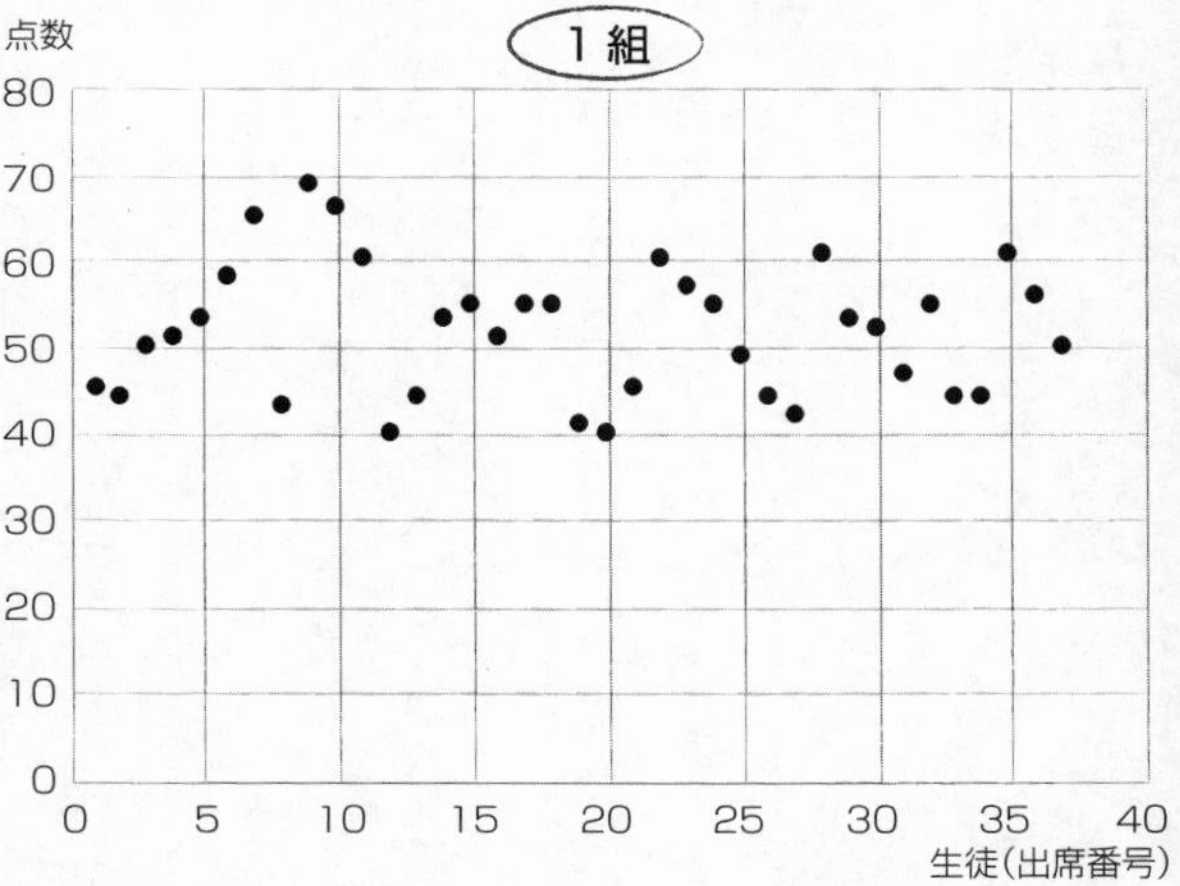

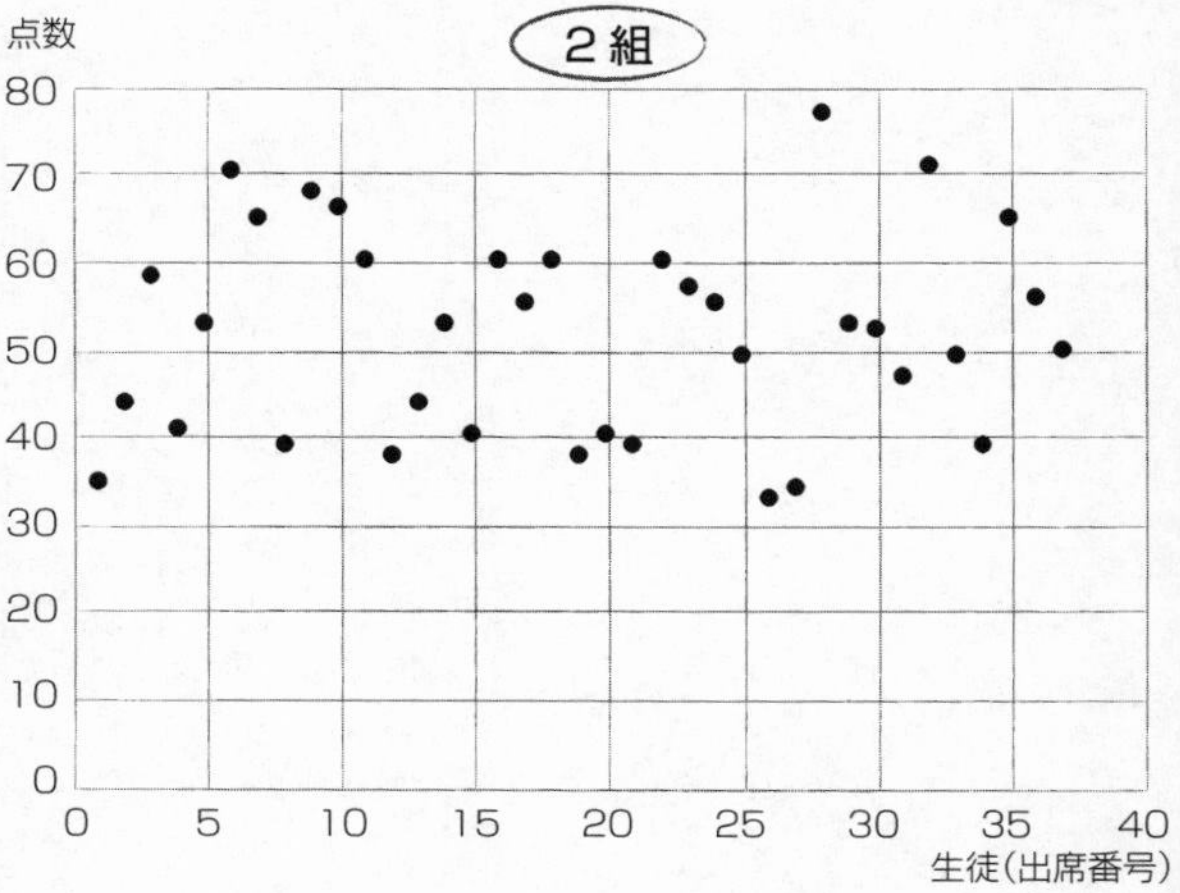

第1章で、平均値と中央値の話をしました。資産や年収といったようなバラツキの大きいデータにおいては、平均値があまり意味をなさないことがある、という話でした。

では、どんなデータがバラツキが大きく、どんなデータだとバラツキが少ないのか。数が少なければぱっと見でわかるかもしれませんが、数が多くなればなるほど、見ただけでは判断しにくくなります。たとえば、1組と2組の生徒のテストの点数が前ページの図のようになっているとしたら、どうでしょうか。

確かに教頭先生の言うように「2組のほうがバラツキが大きい」ようにも感じますが、一部の極端に点数が高い・低い生徒に引っ張られてそう見えるだけのようにも思えます。

では、どうしたら「よりバラけているのか」を知ることができるのか。そのための数値が「分散」です。

▼「バラツキ」は数値化できる

まずは、単純化して考えてみましょう。一つのクラスに生徒が4人しかいないと仮定します。それぞれの生徒の点数は以下です。

●バラツキを計算する

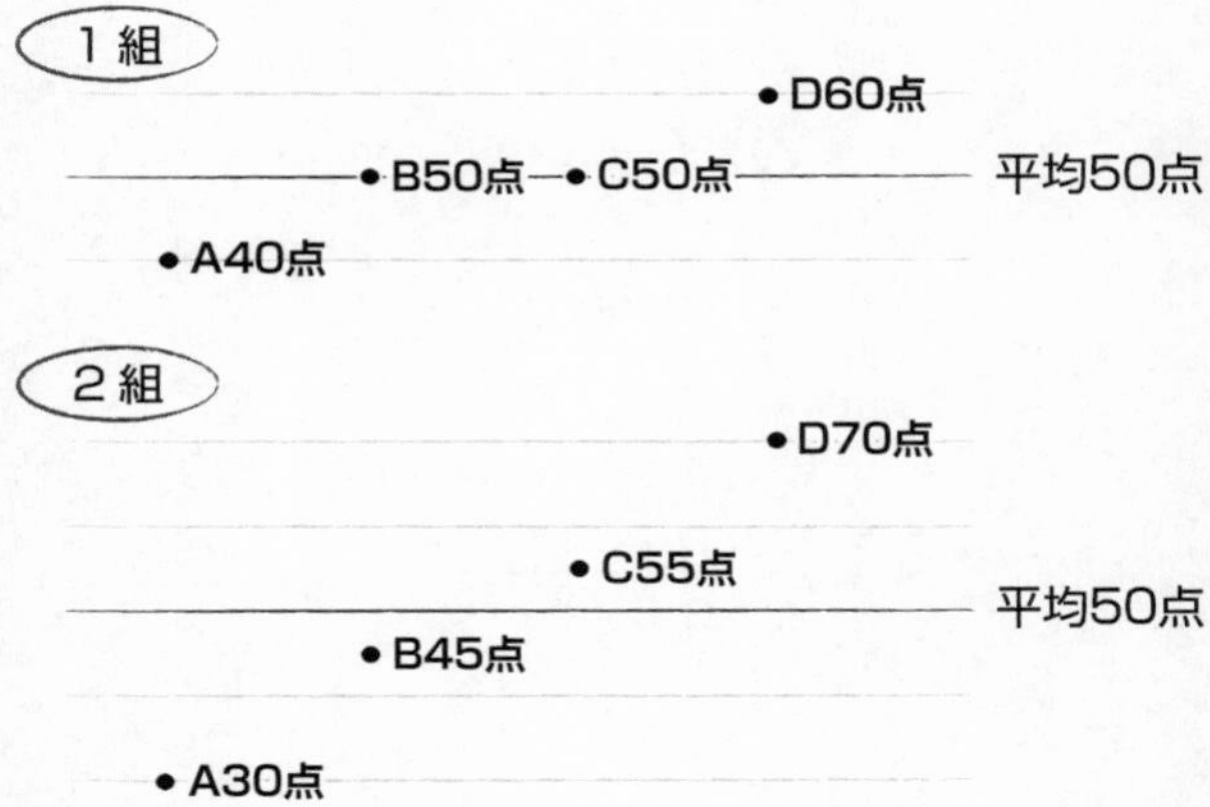

1組
生徒A：40点　生徒B：50点　生徒C：50点　生徒D：60点
平均点　50点

2組
生徒A：30点　生徒B：45点　生徒C：55点　生徒D：70点
平均点　50点

どちらのクラスも平均点は50点ですが、明らかに2組のほうが「バラツキが大きい」と思うはずです。問題は、それをどのように数字で表すかです。

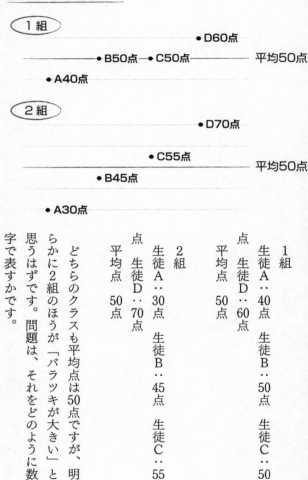

単純に考えると、平均点からどれだけ離れているかを1人ひとり計算し、その数字を合計すればいいように思います。

ただ、その計算を素直にやろうとすると、問題が出てきます。答えが「0」になってしまうのです。

1組
生徒A　40点－50点（平均点）＝－10点
生徒B　50点－50点（平均点）＝0点
生徒C　50点－50点（平均点）＝0点
生徒D　60点－50点（平均点）＝10点
－10点＋0点＋0点＋10点＝0点

数字に強い人にとっては「計算するまでもない」という話かもしれません。プラスとマイナスが混在しているため、このような結果になってしまうのです。

要するに生徒Aの「－10点」のマイナスを取ればいいわけですが、統計学ではこの場合、絶対値を計算する、つまり「二乗《にじょう》する」という作業を行います。

「二乗」は覚えているでしょうか。ある数にその数と同じ数をかけ合わせるということで、3の二乗なら「3×3」で、9になります。5の二乗は「5×5＝25」、10の二乗なら「10×10＝100」です。

先ほどの例では、生徒Aの平均点との差が「－10点」、生徒BとCの差が「0点」、生徒Dの差が「10点」でした。それぞれを二乗すると、生徒A「－10×－10＝100」、生徒BとC「0×0＝0」、生徒D「10×10＝100」。これで、プラスマイナスを解消することができました。

こうして導き出した合計をサンプル数、つまり生徒の数で割れば、比較することのできる数字が出てきます。

1組の生徒

生徒A　40－50＝－10　－10の二乗（－10×－10）＝100

生徒B　50－50＝0　0の二乗（0×0）＝0

生徒C　50－50＝0　0の二乗（0×0）＝0

生徒D　60—50＝10　10の二乗（10×10）＝100
計200
200÷4（生徒数）＝50

2組の生徒
生徒A　30－50＝－20　－20の二乗（－20×－20）＝400
生徒B　45－50＝－5　－5の二乗（－5×－5）＝25
生徒C　55－50＝5　5の二乗（5×5）＝25
生徒D　70－50＝20　20の二乗（20×20）＝400
計850
850÷4（生徒数）＝212・5

この数値が大きいほうが「バラツキが大きい」ということになります。1組の「50」より2組の「212・5」のほうが大きいので、これで「1組より2組のほうが生徒間の点数のバラツキが大きい」ということが証明されました。

この数値のことを「分散」と呼びます。

分散＝（データ－平均値）の二乗の総和÷サンプル数

▼いろいろなデータの「分散」を見てみよう

この例は単純化したものでしたが、どんなデータでもやることは同じです。最初の例に戻り、1組と2組の全生徒の平均と分散を計算すると、以下の数値が出てきます。

平均　どちらも51・7点

分散

1組　57・2

2組　132・6

計算の結果、やはり予想通り2組のほうが分散が大きい、つまり「テストの点数がバラけている」ことが見えてきました。

塾などに通って授業内容を先取りしている生徒が多い一方で、授業にまったくついていけない、いわゆる「何がわからないかもわからない」生徒も多い。それが両極端なバラツキを生み出しているのではないか……。こうした仮説が立てられるかもしれません。

仮説を立てたら、あとはそれを証明していくだけです。たとえば、成績の悪い生徒の個別フォローを丁寧に行うようにする。こうすることでバラツキを抑え、平均点もよりアップさせることができるかもしれません。

チェーン店の店舗ごとの売上の分散を調べてみる、社員の業績をチームごとに分散で比較してみる……身近なデータを分散で見てみると、意外な発見があるかもしれません。

▼「標準偏差」を知っておいて損はない

さて、この分散の数字を計算する際に、数字を二乗しました。二乗した数字を元に戻す際に使われるのが「√（ルート）」です。平方根ともいいます。

つまり、

・5の二乗　5×5＝25

・$\sqrt{25}=5$

という関係になります。

すいません。四則演算だけで進めると宣言したのに、イレギュラーなものが出てきてしまいましたね。

もっとも、このルートの計算はエクセルや電卓などで簡単にできます。いわゆる「関数電卓」にはルートは必ずついていますし、スマホの電卓アプリにもついていることが多いです。ある数字を入れてから「√」ボタンを押せば、すぐに答えが出ます。

ちなみに先ほど計算した1組と2組の「分散」は、1組が57・2、2組が132・6でした。

この数字のルートを求めると、こうなります。

1組　$\sqrt{57.2}=7.563$……

2組　$\sqrt{132.6}=11.515$……

こうして出てきた数字を、「標準偏差」と呼びます。

詳しい説明は後でしますが、ものすごくざっくり言うと、「平均点から標準偏差分離れたところまでの間に、全体の7割くらいの人が入っている」ということです。

1組の場合、平均点が約52点、標準偏差が約8ですから、約44点〜60点の間に、生徒の7割が入っているということになります。

2組の場合、平均点はやはり約52点で、標準偏差が約12ですから、約40点〜64点の間に生徒の7割が入っている、ということになります。

このことからも、2組のほうが点数がバラけている、ということが感覚的につかめるかと思います。

「平均点から標準偏差分離れたところまでの間に、7割くらいの人が入っている」

そう聞いて、「だから、何?」と思った方も多いのではないでしょうか。確かにこれだけでは、何に使えばいいのかわからない人が大半だと思います。

しかし、この標準偏差と、その応用である「偏差値」は、極めて役立つツールです。これを知っていると、世界が変わります。

詳しくは次項でご説明しましょう。

●標準偏差とは?

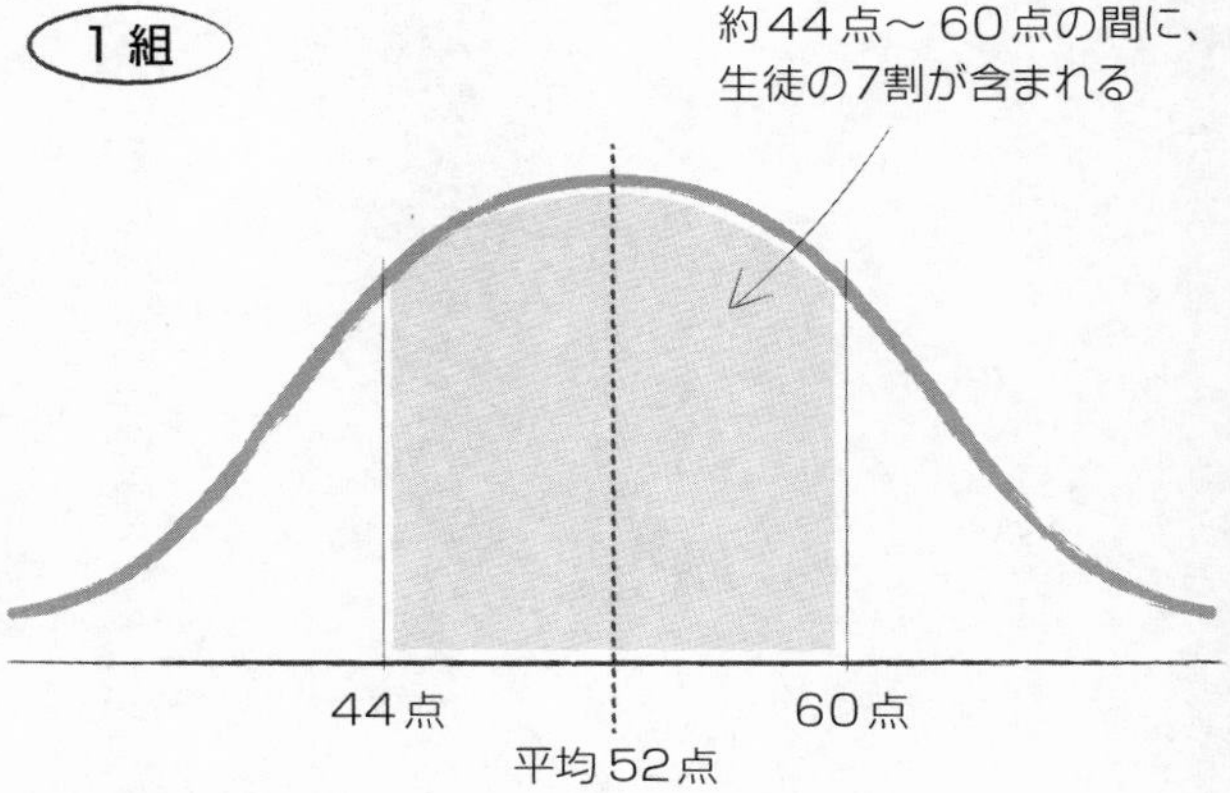
1組
約44点～60点の間に、
生徒の7割が含まれる
44点
60点
平均52点

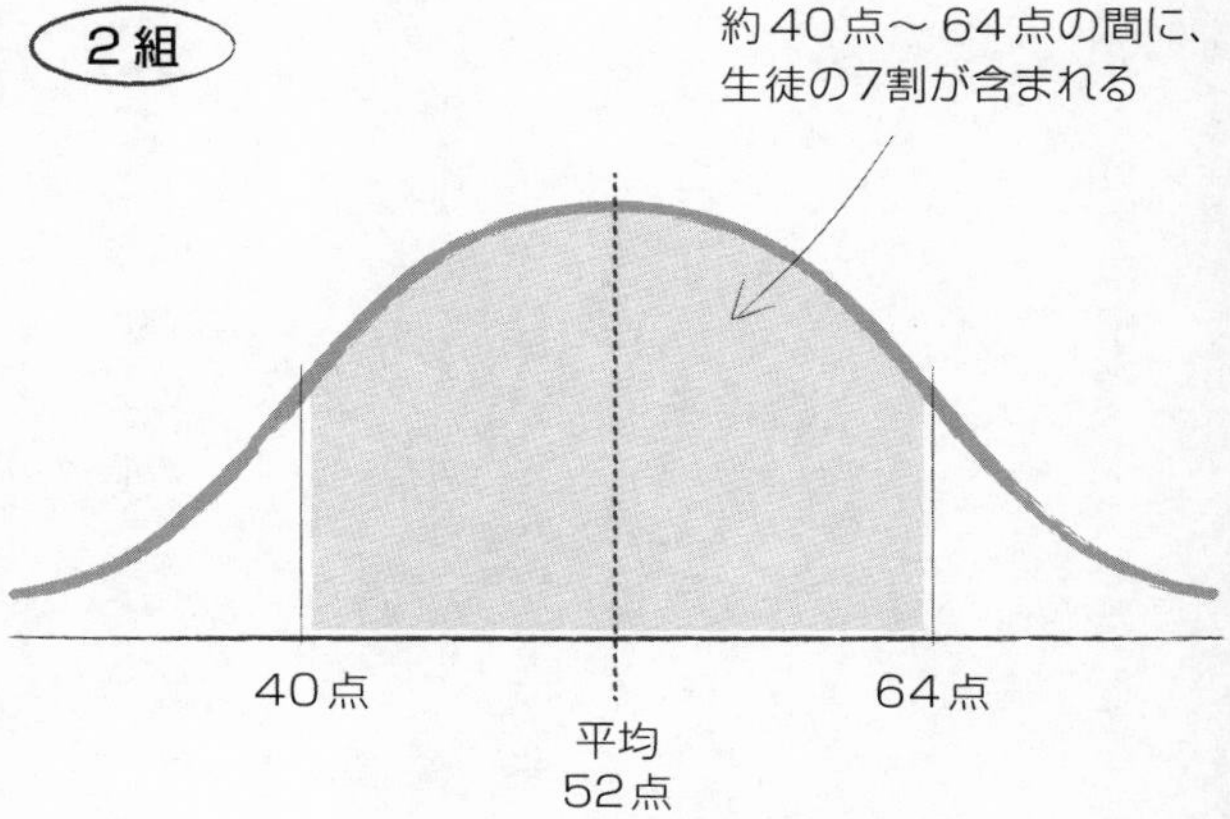
2組
約40点～64点の間に、
生徒の7割が含まれる
40点
64点
平均
52点

3-2 データも組織も「正規分布」で読み解ける

Q あなたはテレビ制作会社のリサーチャーです。あるとき「身長190㎝以上の一般人男性を探してほしい」という依頼がきました。日本人の成人男性の平均身長は約170㎝ですが、それより20㎝も高い人など、なかなかいません。でも、依頼側は「すぐにできるでしょ?」と楽観的。この依頼がどれほど大変かを伝えたいのですが、どうすればいいでしょうか。

▼身長190㎝以上の人を探すには?

バスケットボールやバレーボールの選手でもない限り、普段の生活の中で身長190㎝以上の人を見かけることはそうそうありません。平均身長の高い北欧ならともかく、私も

●正規分布

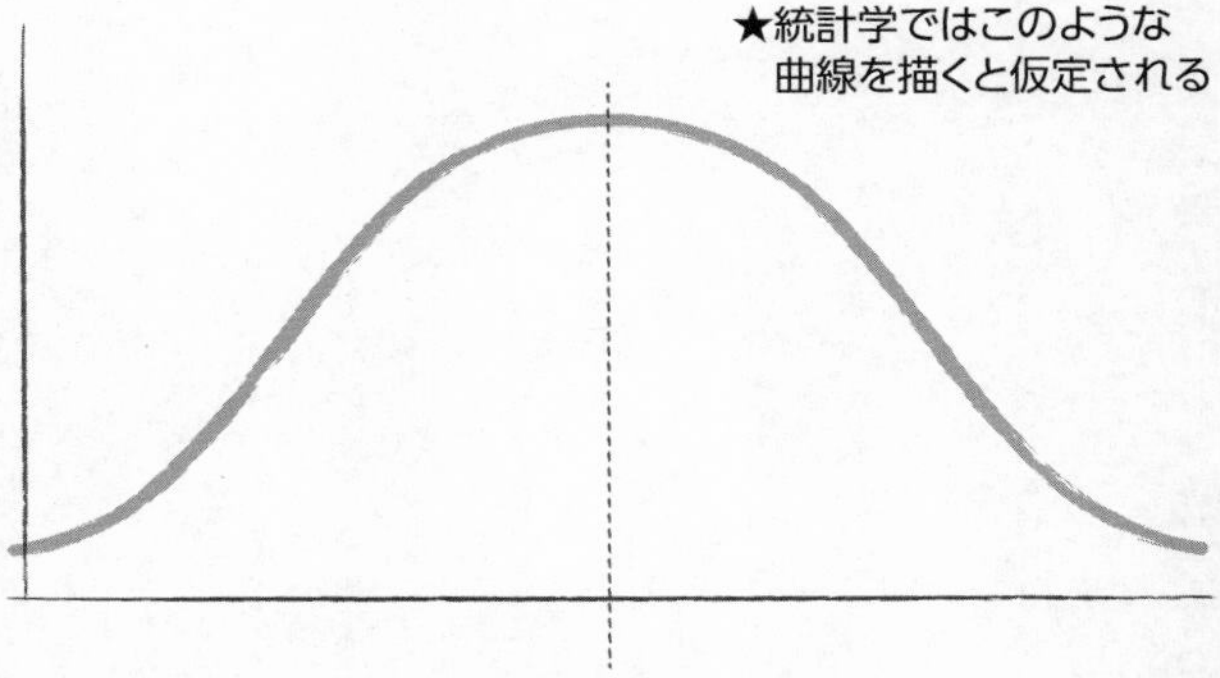
★統計学ではこのような
曲線を描くと仮定される
平均170㎝

日本の街中でそんなに背の高い人を見た記憶がありません。

では、どのくらいレアなのか。今回の問いはまさに、「どのくらいレアかを数値化する」ということです。

ここで役立つのが「正規分布」という考え方です。

日本人の平均身長は年代によって異なりますが、成人男性はおおむね170㎝ほどです。この数字は総務省のＨＰなどから得ることができます。

もっとも、実際には170㎝の平均身長を中心に、大きい人から小柄な人まで、いろいろな人がいます。このとき、統計学では、上の図のような「正規分布」で、各身長の人が分散していると仮定します。横軸が身長の高低、縦軸が分布数を示す図です。

平均身長である170cmのあたりを中心として、左右に徐々に数を減らしながら分散していきます。170cmの人よりは175cmの人が少なく、180cmの人となるとさらに少なくなっていきます。

さて、この図ですが、先ほど「標準偏差」のお話をしたときの図と似たカーブになっていることにお気づきだと思います。そう、あれはまさに「正規分布」を表していたのです。

その際に、「平均から標準偏差分離れたところに、全体の7割が含まれている」というお話をしました。より正確には「68%」となります。

▼日本人の7割は164cmから176cmに含まれる

では、日本人の成人男性の平均身長の標準偏差はどのくらいなのでしょうか。実はこの数字も、総務省のHPにて発表されています。年齢によって差がありますが、おおむね

「6」という数字になっています。

つまり、日本人の成人男性の68％は、身長164㎝から176㎝の間に位置している、ということです。

どうでしょうか。あなたの周りの男性を見ても、だいたいこの範囲内に入っているのではないでしょうか。

ちなみに標準偏差二つ分（12）になると、全体の95％が含まれることになります。つまり、身長158㎝から182㎝までに95％が含まれるわけです。

身長180㎝越えの人はそれほど多くありませんが、探せば1人くらいは見つかるものです。これも実感とおおむね等しいのではないでしょうか。

では、標準偏差三つ分（18）だとどうでしょうか。この場合、99・7％となります。つまり、身長152㎝から188㎝の間に99・7％が含まれている、ということです。

ここまでくると、冒頭の依頼がいかに大変かが見えてきます。190㎝の男性というのは標準偏差三つ分にも含まれないからです。

1000人の人を探してやっと1人見つかるかどうか、という話です。しかも「一般

●日本人の成人男性の身長分布

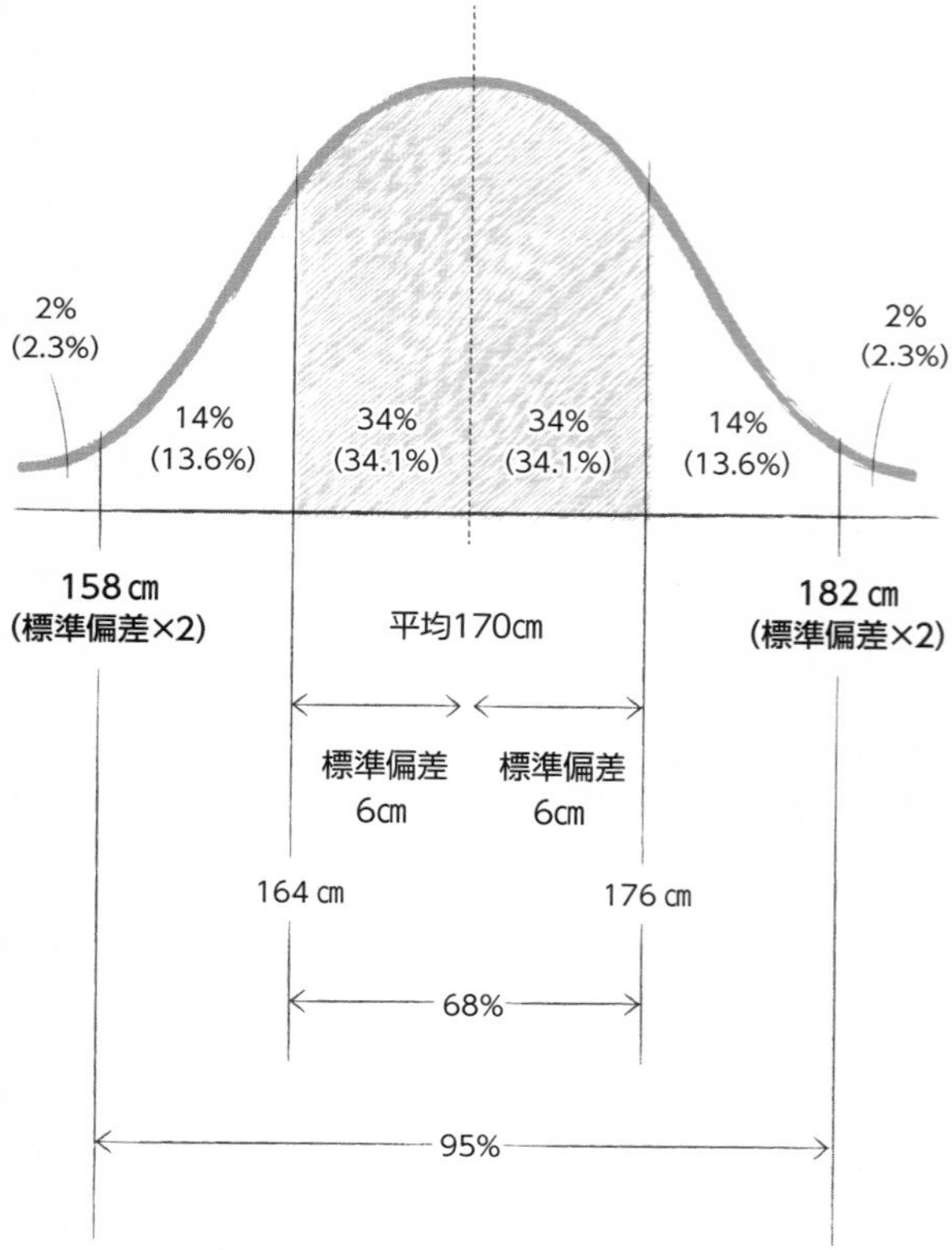

★標準偏差 ±1 の中に全体の 68%が含まれる
標準偏差 ±2 だと 95%が含まれる

人」とありますから、背の高い人が多いプロスポーツ選手などの中から探すわけにもいきません。

それでも探さねばならないとなると、どうすればいいのか……。規模が1000人以上の企業やコミュニティに連絡を取る、という手が考えられるかもしれません。少なくとも、知り合いのつてをたどるといった方法ではらちが明かず、ある程度大規模な組織に網をかけるような調査が必須となるでしょう。

冒頭の問いに答えるなら「身長190㎝以上の人は1000人に1人くらいしかいませんので、探すのに膨大な時間が必要です。その分、お時間をいただけませんでしょうか」とでも答えるといいと思います。

▼「2：6：2」は統計学的にも真理だった!?

Q 社内の改革案に対して、20名いるチームメンバーのうち3人が強硬に反対している。「どちらかというと反対」も含めると半分の人が反対しているようだ。もちろん、賛成者も同じくらいいるのだが……果たしてこの改革、進めるべきだろうか。

ここまでご説明してきた正規分布の話は、あくまで「統計学上、そう仮定する」という話でした。

しかし、面白いもので、世の中のさまざまな事象は、この正規分布に近い割合で分散するのです。身長や体重、株価の上下、自然現象の発生度などのデータを分析すると、実際、このような分布になることが極めて多いのです。

大げさに言ってしまえば、宇宙の事象は正規分布になるように作られているのです。

そして私の経験上、組織のあらゆることもまた、この正規分布のカーブを描くことが多いのです。

「2：6：2の法則」というものを聞いたことがあるでしょうか。どんな組織も、2割の優秀な人と、6割の普通の人、2割のあまりできない人で構成されるというもので、いくら優秀な人ばかりを集めたとしても、結局、この数字に落ち着くというものです。統計学的な分析に基づくものではなく、あくまで経験則から出てきたもののようです。

正規分布に基づいて考えると、この割合が「優秀な人16％、普通の人68％、あまりできない人16％」となります。「2：6：2」と比較的近い数字であり、やはり組織も正規分布の法則に従っているように思えます。

また、同じく正規分布の考え方だと、2%が「ものすごくできる人」、2%が「ものすごくできない人」となり、これまた、現実に近いように思えます。

▼「反対者」は必ず現れる

私は企業再生コンサルタントとして、危機に陥った企業の現場に入り、その再生のお手伝いをするという仕事をこれまで何度も行ってきました。突然やってきた外部の人間に対して、協力的な人もいれば強い反発を示す人もいますが、多くの人は「中立＝様子見」です。

その比率もまた、この正規分布に近いと感じます。つまり、賛成が16%、反対が16%、中立が68%。改革は、圧倒的多数である中立の人たちをいかに賛成者側に巻き込んでいくかで決まると言っても過言ではありません。

ここで、冒頭の問題に戻りましょう。

やはり、新しいことを始める際や、戦略を大きく変える際には、賛成が16%、反対が16

％、中立が68％という比率に落ち着くことが多いのです。

そう考えると、20名の組織の場合、3名は強硬な反対者がいてもおかしくないことになります。そうであるならば、自分を信じて進めるべきというのが、この問いへの回答となるでしょう。

しかし、もし強硬な反対者が5人いたら？　この正規分布の考え方からすると、少々多すぎるということになります。それが7名になると、比率としてはかなり高まります。

もちろん、反対者が多いからやめるべきとは限らないのですが、いったん立ち止まってもう一度、案を精査してみてもいいかもしれません。

「声がでかい人」にどう対処するか

さらに正規分布の考え方からすると、標準偏差二つ分以外、つまり2％は「極端な賛成者」と「極端な反対者」が現れる、ということにもなります。

社員が100名の企業だとすると、2人くらいは「絶対反対！」を主張し、改革案をあの手この手でつぶそうとする人が出てくる、ということです。私の経験からもそう感じます。

こうした「声のでかい人」は非常に厄介です。放っておくと、組織全体に猜疑心《さいぎしん》が生まれてしまうからです。

どんなに統計学を駆使したところで、その2人をゼロにすることはできません。ただ、重要なのは「極端な行動を取る反対者が現れるかもしれない」という予測のもとで、あらかじめ仮説を立てておくことです。そうすれば、反対派による思わぬ妨害工作にも焦ることなく、問題に対処することができます。

▼人間関係もまた「正規分布」でできている?

人間関係のあらゆる面において、この「正規分布」の考え方を応用すると、いろいろなことが見えてきます。

たとえば、これを初対面の際の印象に当てはめると、初対面で好意を持ってくれる人は16%、逆にネガティブな印象を持つ人も16%、どちらでもない人が68%という数値になります。

つまり、どんなに頑張っても16%の人からはあまりいい印象を持ってもらえない。そう割り切れば、人間関係にあまり深刻に悩むこともなくなるのではないでしょうか。

また、前章で、あらゆるものが「335ファネル」に従うことが多いという話をしました。これもまた、最初から16%の人が好意を持ってくれていて、かつ、どちらでもないという人（68%）のうちやはり16%くらいが最初の提案を受け入れてくれると考えれば、だいたい3割近い数字になります。初回突破率が3割ということも、このように正規分布の考え方で説明することができるのです。

「分散」や「標準偏差」は、もちろん計算できるようになっておくことが望ましいでしょう。しかし、計算方法を忘れてしまったとしても、「世の中は正規分布に従って動くことが多い」ということを覚えているだけでも、十分役立つと私は考えています。

3-3 「偏差値」が必要なのは学生だけじゃない？

Q 受験生の子供が「偏差値60まではいったのに、その先がなかなか伸びない……」と悩んでいます。あなたは、どのようにアドバイスしますか？

▼誰もが言葉だけは知っている「偏差値」だけど……

ここまで「標準偏差」の話をしてきましたが、「偏差」という言葉を見て、「学生の頃にお世話になった偏差値と関係あるのかな」と思った人も多いと思います。

正解です。標準偏差と偏差値は大いに関係があります。

しかし、誰もが名前は知っている偏差値ですが、その意味するところを聞かれると、意外と答えられない人が多いのも事実です。

偏差値をものすごく簡単に表現してしまうと、「自分が全体の中でどのくらいの位置にいるかを示す数値」となります。

そして、その基本にあるのが、ここまで説明してきた「分散」と「標準偏差」、および「正規分布」なのです。

▼偏差値60とは「上位16％」ということ

身長の話と同様に、テストの成績も平均点を中心とした正規分布を描いている、と仮定します。

平均点が50点で、標準偏差が15点だとします。すると、「35点から65点の間に68％の人が含まれている」ということになります。

標準偏差二つ分、つまり「20点から80点」となると、この範囲内に95％の人が含まれます。標準偏差三つ分は「5点から95点」で、全体の99・7％が含まれ、それ以外は0・3％です。確かに、平均点50点の試験で95点以上を取るというのはかなりのレアケースでしょう。

偏差値は、これを便宜上、わかりやすい数字に置き換えたものです。

●偏差値と「上位何%か」の対応表

偏差値	上位何%
80	0.1%
75	0.6%
73	1.0%
70	2.3%
65	6.7%
60	15.9%
55	30.9%
50	50.0%
45	69.1%
40	84.1%
35	93.3%
30	97.7%

平均点、この場合は50点を「偏差値50」とします。そして、標準偏差一つ分（15点）を偏差値10として換算します。

つまり、平均点より標準偏差一つ分上なら、「偏差値60」となり、標準偏差一つ分下なら、「偏差値40」となるのです。

先ほどの例では、平均点が50点で、標準偏差が15点でした。このテストで65点を取った人は「偏差値60」となるわけです。一方、35点を取った人は「偏差値40」です。

標準偏差一つ分の中には68%の人が含まれるという話をしました。残りの32%のうち、それより上の人が16%、下の人も16%です。つまり、偏差値60ということは「上位16%に位置していますよ」ということになるのです。

▼受験とはあくまで「他者との競争」

ここまでくれば、なぜ受験勉強において「偏差値」が重要だったのかがおわかりいただけると思います。

受験はあくまで、他の受験生との競争です。自分がどんなに高い点数を取っても、他の人がみんなそれ以上の点数を取れば合格できませんし、逆に半分くらいしか正解できなくても、他の人がみんな半分以下しか正解できなければ、合格できます。重要なのは点数ではなく、「全体の中でどのくらいの位置にいるのか」。それを示す数値が偏差値なのです。

ここまでわかれば、子供の「偏差値60よりなかなか伸びない」という悩みにも答えが出せるのではないでしょうか。

仮に標準偏差が15だったとして、平均点から15点上げるのと、さらに15点上げるのとでは、労力はかなり違ってくるでしょう。

また、偏差値60以上の人というのは、いわば受験勉強におけるエリートたち。中には大して勉強しなくても、常に一定以上の点数が取れる地頭がいい人も含まれているはずです。その人たちと競いつつ偏差値を上げていくのはなかなか大変です。

ですが、すでに偏差値60までいっているということは、そうした人たちにかなり近づいているということです。これまでよりも丁寧に、でも焦らず勉強を続ければ、きっと合格できる。このように励ますのがいいのではないでしょうか。

▼キャリアの考え方にも偏差値を応用する

偏差値は受験生にのみ大事な話なのかというと、私はそうではないと思います。

偏差値60は上位16％であり、そこを境に正規分布のカーブは一気に下降します。それはつまり、競争相手が一気に減る、ということを意味します。

偏差値65になれば、上位7％。偏差値70となると、上位2％。これはまさに、周囲に対して「差別化」ができている状態だと言えるでしょう。

もし、あなたが自分の職場において一歩抜きんでた存在になりたいのなら、まずは偏差値60、つまり上位16％を目指すといいでしょう。あるいは、職場どころか業界全体に名をはせるくらいになりたいのなら、偏差値70、つまり上位2％を目指すべきです。

このように、キャリアを偏差値で考えてみると、自分が目指すべき目標がより具体的になるのではないでしょうか。

企業の競争戦略も同じです。業界の平均レベルに位置する会社の数が最も多いとなると、そこでの競争が激しくなるのは当然です。しかし、そこから一歩抜け出せば、競合は一気に減ります。そのために、「まずは偏差値60、つまり上位16％を目指そう」という目標を掲げるのは、誰にとってもイメージしやすいと思われます。

昨今では、ゲームチェンジに成功したトップ企業が市場を独占してしまうようなケースも増えています。しかし、時間が経てばやはり、徐々に後発が増えてきてこのような正規分布に近づいていくようにも思います。やはり、正規分布は「宇宙の法則」のように、私には思えるのです。

いずれ「偏差値で一生が左右される」時代が来る？

ただし……一方でちょっとだけ、懸念もあります。

たとえば序章で紹介した中国の「信用スコア」。これなどまさに、偏差値そのものです。

詳しい仕組みを知っているわけではありませんが、おそらくはスコアの平均値付近に一番多くの人が集まっていて、そこから正規分布のカーブを描いてスコアの高い人と低い人が分布していると思われます。

そして、スコア上位の人はさまざまな特典が得られる一方、低い人はお金を借りるのにも、合コン相手を探すのにも苦労する……。まさに、偏差値によって一生を左右される世の中の到来です。

それがいいことか悪いことかはさておき、世の中のルールがそのようになりつつあることは、ぜひ理解しておいてもらいたいと思います。

3-4 巷でよく見る「Sカーブ」の話

Q 新商品がいよいよ発売。開発期間3年、マーケティングにも多くの予算を付けている期待の商品だ。しかし、3カ月で100万ケースの販売を見込んでいたところ、最初の週の売れ行きはわずか5万ケース。この計算だと3カ月で60万ケースしか売れないことになる。全員、頭を抱えているのだが、もうこの商品に未来はないのだろうか。

▼新商品の初速が悪い……さあ、どうする？

新製品や新商品のリリース時は、誰でも緊張するものです。

いくら品質を磨き上げ、綿密なマーケティングリサーチを行った上で出した商品でも、

●Sカーブ

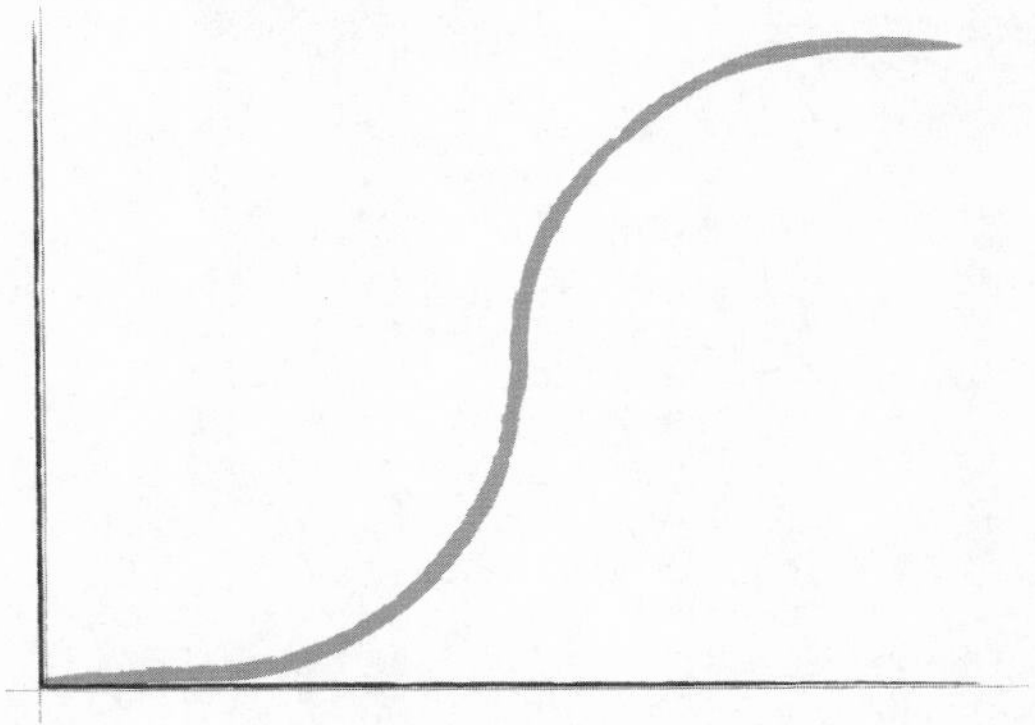

絶対に売れるとは限りません。力を入れた商品であればあるほど、初速が伸びなかったときの落胆は大きくなります。その挙句、「そもそも商品コンセプトが悪かったんだ」「営業の展開が弱すぎる」「広告を打たないからこうなるのだ」など、責任のなすりつけ合いが行われることもしばしばです。

しかし、最初の1週間で見切ってしまうのは明らかに時期尚早です。

というのも、多くの商品は図のような「Sカーブ」を描いて売れていくからです。

最初は動きがゆるやかで、その後、時間が経過するとともにある段階から鋭い傾きで数値が上昇していき、その後、再びゆるやかに漸増していくという曲線です。アルファベットのSのように見えるので、「Sカーブ」と呼ばれます。

▼正規分布とSカーブの関係

実はこれ、先ほどの「正規分布」を累積で表したものです。

たとえば身長が低い人から順に、男性の人数を数えていきます。平均身長から離れれば離れるほど人数は少なくなりますから、最初のうち、人数の上昇はゆるやかです。しかし、160㎝を越えたあたりから数が増え始め、170㎝近辺でピークを迎え、その後また、徐々に数が減っていきます。

その人数を累積していくとちょうどこのSカーブのような傾きになる、ということです。正規分布は世の中の多くの事象に当てはまる、と申しました。ということは、このSカーブも世の中の多くの事象に当てはまるのです。

そして、新商品が市場に浸透する際にも、こうした動きをすることが多いのです。最初の動きは遅くとも、徐々に浸透のペースが速くなり、ある時点で一気に売れ始める。そして、また徐々にゆるやかになっていく。

もちろん、そうならない可能性もあります。ただ、最初の1週間で諦めてしまっては、その後の急激な上昇が期待できないのは紛れもない事実です。

ここで大事なのは、「新商品の市場浸透はこういうものだ」という認識を持っておくことです。

初速が思ったほどではなくても、「今はSカーブでいうところの嵐の前の静けさ。もうちょっと我慢できるかどうかが大事です」と説得できるかが重要なのです。

▼勉強の成果もまた「Sカーブ」を描く?

ちなみにもう一つ、このSカーブが当てはまるものをご紹介しましょう。それは「勉強と時間の関係」です。

どんな分野でもそうですが、新しいことを勉強し始めたとき、最初のうちはその勘所もわからず、なかなか上達したという実感が得られません。しかし、ある時期を過ぎると急速に伸びるようになり、まさにスポンジが水を吸収するように新しいことがどんどん身につくようになります。勉強していてもとても楽しい時期です。しかし、その時期が終わるといわゆる「伸び悩み」に悩まされることになります。

これはまさに、Sカーブの動きと同じなのです。

序盤の苦しい時期をいかに乗り越えるか、そして、その後訪れる伸び悩みの時期に諦めずに継続できるか。それが、何かが身に付くかどうかを決めるのです。

▼コロナ禍での「Sカーブ」

さて、最近、多くの人がこのカーブを目にしたと思います。そうです、新型コロナ感染症の感染者数の増加が、まさにこのカーブを描いていました。最初はゆるやかに人数が増加していき、その後急激に拡大し、またゆるやかになり、今度はそれを逆にしたようなカーブを描いて下降していく。それが何度も繰り返されました。

コロナが広がり始めた当初、日に日に増えていく感染者数を見て、「これからどうなってしまうのだろう」と不安をかきたてられた人も多いと思います。

しかし、第二波、第三波と感染拡大と収束が繰り返された結果、今では多くの人が「今回の感染拡大はこの時期には落ち着くのではないか」となんとなく予測できるようになったと思います。そして実際、ほぼその通りの時期に感染者数がピークアウトしていくのです。

3–5

「レビュー文化」とどう付き合うか

Q うちの店とA店は長年張り合ってきたライバル同士。グルメサイトでの評価もほぼ互角だった。しかし、最近A店が徐々に評価を上げていっている一方、うちの店にはかなりひどいレビューが目立つようになっている。何か裏があるような気がするのだが……。

▼ひどいレビューに振り回されないように

書籍、映画、家電、レストラン、ホテル……あらゆるものが「星」で評価されてしまう時代。そのことの賛否はさておき、誰もが顧客からの評価を気にせずにはいられない時代になっています。

しかも、この例のように、ひどく評価の低いレビューが書き込まれ、それが多くの人に参照されているとしたら……平静な気持ちになれないのも非常によくわかります。

しかし、ここでもまた「正規分布」の話を思い出してください。こうした評価においてもまた「2％の極端な人」が現れるのが常なのです。そしておそらく、「大絶賛してくれる人」も2％ほどはいるのではないでしょうか。つまり、ある程度のレビューが集まったら、ひどい評価をする人は必ず現れる。それは自然の摂理だと考えるべきなのです。

ただ、レビュー数に対して明らかにアンチが多い、つまり明らかに歪んだ正規分布になっているとしたら……もちろん、まずは自分たちのやっていることに問題がないかを疑うべきですが、一方でなんらかのネガティブキャンペーンが行われているかもしれない、という疑いは持ってもいいでしょう。

サクラの存在を「正規分布」で見抜く

さて、先ほどの問いではもう一つ、「何か裏があるのではないか」という疑いを持っていました。つまり、「ライバル店がサクラを使っているのではないか」ということです。

これもまた、正規分布の考え方で検証することができます。

●作為が入ると、正規分布が歪む？

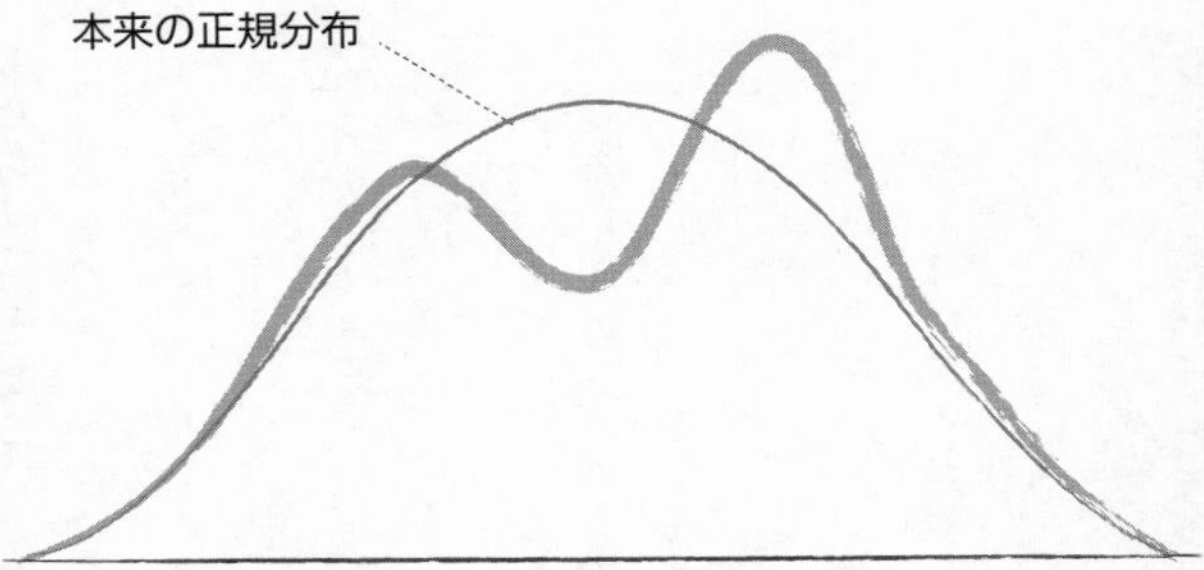

当然の話ですが、サクラが増えれば増えるほど、高評価が増えます。すると、正規分布のグラフは形が崩れ、数値の高い側にいびつに広がったような形になるはずです。

一方、本当に実力によって評価が上がっているのなら、高評価が増えると同時に低評価もある程度増えていくはずです。実際、どんなに評価の高い店でも、「思ったほどではなかった」「自分の好みとは違った」というレビューが必ずいくつかは付くものです。

つまり、評価がどのように分布しているかを見ることで、そこに作為が働いているかどうか、目星を付けることができるというわけです。

▼結局、レビューはどこまで気にするべきなのか

さて、ここまでの話をもとに、「レビュー文化とどのように付き合っていくか」について、私なりの意見を述べたいと思います。

まず、あくまで操作がなされていない、という前提ではありますが、いわゆる「星の数の平均値」というものは、ある程度信じていいと私は思っています。つまり、平均で星3・0の店や製品よりは、星3・7の店や製品のほうが、満足できる可能性は高くなる、ということです。

ただし、評価数が少なすぎる場合はあまり信用しないほうがいいでしょう。やはりある程度の評価数は必要で、できれば100、最低でも30はほしいところです（理由は第4章で述べます）。

最近はグルメサイトなどを中心にサクラによるレビューが社会的な問題になってきたこともあり、こうしたサイトはどこもサクラを厳しくチェックするようになっています。その意味でも、以前と比べて信用度は高くなったと考えていいと思います。

一方、レビューの内容自体は、あまり気にしなくていいのではないかと思います。前述

したように、どんなにいいものに対しても、2%の極端な意見は生まれてしまうものです。しかも、こうした極端な意見は目立つので、「いいね」や「参考になった」が数多く付き、それが悪目立ちしてさらに「参考になった」が増えていく……ということが往々にしてあるのです。

でもそれは、街の真ん中で下品な言葉を大声で叫ぶ人が目立つのと同じです。気にするなというのは無理だと思いますが、「世の中、そういうものだ」とある程度割り切ってしまっていいと思います。

好むと好まざるとにかかわらず、レビュー文化は今後もどんどん広がっていくでしょう。統計学の知識を用いて、ほどよい距離感で付き合っていきたいものです。

第4章

「統計学的に正しい」データの扱い方

——意味のある調査、ない調査

4－1 いったい、何人の意見を聞けば十分なのか……

Q　新商品のパッケージデザインを決めるにあたり、社内のあちこちの人から意見を聞いているが、聞けば聞くほど答えはバラバラ。そう報告すると上司から「じゃあ、もっと徹底的に意見を集めてこい！」と言われた。徹底的って……いったい、どのくらい集めればいいのか。

▼「開票率1％」で当確が出せる不思議

この問いに関して、まず答えを先に言ってしまうと「いくら聞いても無駄」ということになります。

なぜか、その理由を説明するためには、無作為抽出（ランダムサンプリング）についてのお話をさせていただかなくてはなりません。

何かの調査をする際、最も正確なのは「すべてのサンプルを調べる」ことです。たとえば国民の支持政党の割合を正確に知りたいなら、国民全員に対してアンケートを取ることです。これを全数調査と言います。

しかし、言うまでもなく、その手間は膨大なものになります。

そこで編み出された方法が「無作為抽出」というものです。無作為に、つまり完全にランダムにサンプルを選び出して調査をすることで、全数調査をすることなく全体の傾向がほぼ正確につかめる、というものです。

この数はおおむね100とされています。つまり、国民から完全にランダムに100人を選んで支持政党を聞けば、国民全体の支持政党の割合もかなりの精度でわかる、ということになります。

「そんな少数のサンプルで本当にわかるのか」と考える人もいるでしょう。しかし、選挙速報で「開票率1％」なのに早々に当選確実が出て、それが覆《くつがえ》されることがまずないことからも、この無作為抽出の威力がわかると思います。だからこそ、この無作為抽出は

「大発明」と言われるのです。

▼ざっくりでいいなら「30サンプル」でOK

しかも、選挙速報のような正確さが求められず、「大体の傾向がつかめればいい」というくらいの調査であれば、１００どころか30サンプルくらいでも、かなりの精度で傾向が把握できるのです。

つまり、統計学的に意味のある調査をしたいなら、最低でも無作為抽出で30人に聞いてみるべき、ということになります。

それがわかれば、今回のケースの問題点が見えてきます。つまり、まず社内という場である以上、サンプルがどうしても偏ってしまうのです。こうなると、いくら数を積み重ねたところで、単なる社内での人気投票にしかならないのです。

顧客リストを持っているならば、そこから完全無作為に30人を選んで聞いてみる、という方法もあります。社内の人気投票よりは有益と言えるでしょう。しかし、「これまでに商品を買ってくれた人」というバイアスがかかってしまっていることに留意する必要があります。

予算があるのなら、リサーチ会社に頼んで無作為抽出による調査をするのがいい、ということになるでしょう。

▼統計学的には正しくなくても、「意見を聞く」のが大事な理由

では、社内でのリサーチなどまったく無駄なのか。そう言ってしまえば何も進みません。

そこで、「統計学的に正しいとはいえないが、それになるべく近い状況を作る」方法をお伝えしたいと思います。

それは、意見を聞く人の属性をなるべくバラバラにすることです。たとえば「営業部の30代の男性社員」の意見をいくら集めたところで、同じような意見しか出てこないでしょう。年齢、性別、所属部署などがなるべく違う人に意見を聞くようにするのです。

そしてもう一つ、社内の人の意見を聞くことの意味があります。それは、「社内を巻き込む」ということ。意見を求めることで、「自分も商品づくりに参加している」という意

識を社内に醸成することができます。すると、製造も営業もその商品への思い入れが強くなり、その分品質も向上し、営業活動もうまく進むようになるかもしれません。

実はそうした効果のほうが、統計学的に正しい答えを導き出すより大きい可能性がありま す。

社内の人の意見を聞く際にも、ただなんとなく意見を聞いてみるのではなく、意図をもって聞いてみる。それが重要なのです。

4-2 「サンプル」から全体を推測する
——少々ややこしい「信頼区間」の話

Q 最近、5人の友人のうち、3人が離婚した。「3組に1組が離婚する」という話を聞いたこともあるが、実際には離婚率はそれ以上になっているのではないか……。自分のそんな直感は、果たして正しいのだろうか？

▼5サンプル、10サンプルは「全体」を表し得るか

前項で「リサーチはできれば100サンプル、最低でも30サンプル」というお話をしました。では、「5サンプル」ではどうなのか。今回の問いに対しては、それが答えになるでしょう。

ここではまず、5より少し多い「10サンプル」の事例で考えてみましょう。

あなたがコインを10回投げたところ、表が2回、裏が8回出たとします。

本来の確率的には、表が5回、裏が5回出るはずです。そこで、こんな仮説を考えました。

「これは不正に加工された、裏が出やすいコインに違いない……」

この仮説は統計学的に証明できるのでしょうか？

この「表か裏か」のように結果が二つしかないケースで、何回それを行うとどのような確率になるかという分布を「二項分布」といいます。これを計算する際には、「確率密度関数」というちょっと面倒な計算式を使います。イメージとしては、正規分布や偏差値計算の親戚みたいなものです。

試験の点数がばらけるように、コインの表裏が出る回数もばらけます。本来は5割の確率で表と裏が出るとしても、6対4くらいになることもあれば、10回連続で表が出ることもあり得ます。

実際に計算してみると、コインを10回投げて「表2回、裏8回」が出る確率は、5・5

%ほどになります。詳しい計算方法は省きますが、エクセルで「BINOM・DIST関数」を使うことで算出できます。

▼サンプルが少ないと、極端な結果が出る可能性も高まる

ここで思い出してほしいのが、標準偏差と偏差値です。標準偏差二つ分、つまり偏差値70以上や30以下の数値は「かなりレア」だというお話をしました。具体的には偏差値30〜70の間に全体の95%が含まれることになります。

もし、10回コインを投げて「表2回、裏8回」が出る確率が、この95%の中に含まれるようなら、「レアではない」ということになります。つまり、「コインに不正はない」ということになる。全体の95%の中に含まれていれば「統計学的に起こり得る事象」だとみなすわけです。

先ほど算出した5・5%という数字は、偏差値67ぐらいになり、偏差値70〜30の間に含まれることになります（第3章147ページの表を見ていただくと、わかりやすいと思います）。統計学的には、「信頼区間95%で、この事象が起こる」といった言い方もします。

以上の理由から、「10回コインを投げて、表2回、裏8回が出るという確率は十分にあ

●コインを10回投げて表が出る回数

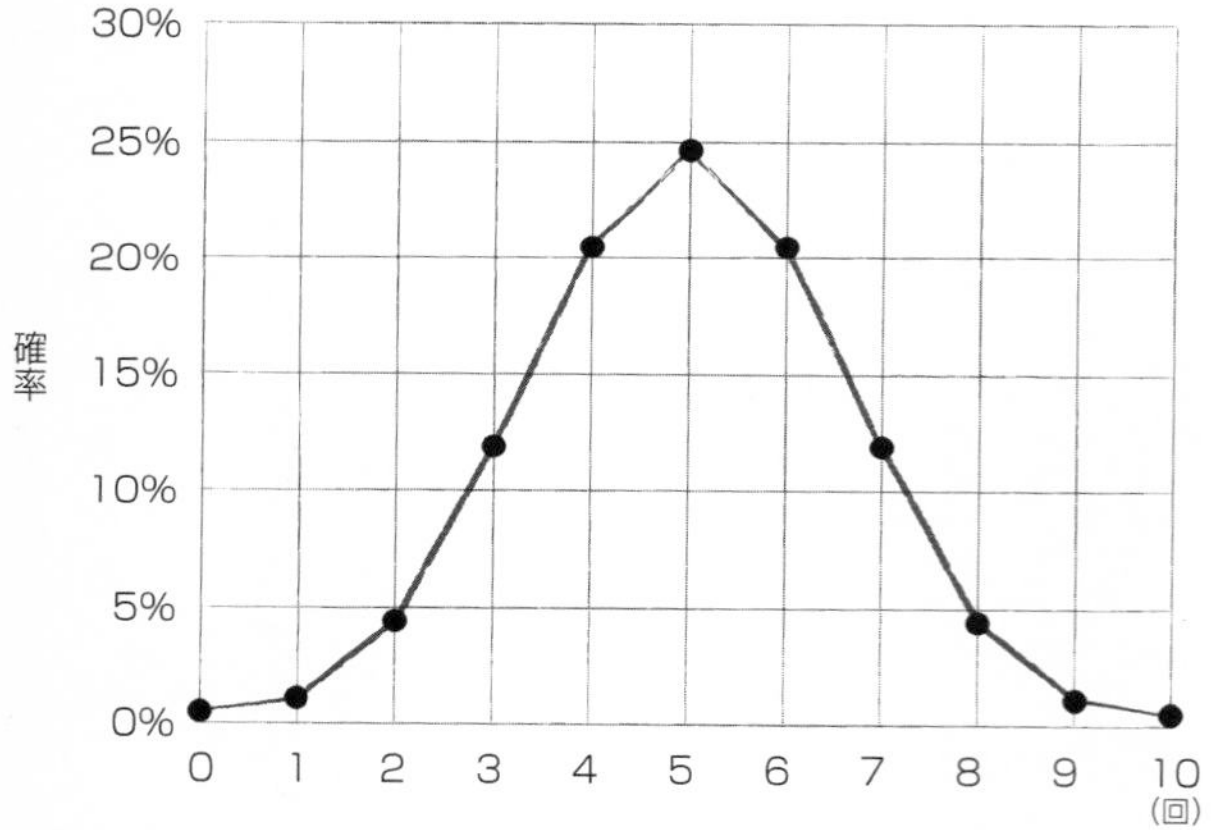

り得る。つまり、コインに細工がされているとは言えない」という結論になります。

裏を返せば、10回というサンプル数では極端な結果が出てしまうことがある、ということです。やはりサンプルは10では足りないのです。

▼改めて、離婚率を計算してみると

コイントスと同じように、少ないサンプルで極端な離婚率が出る確率を計算してみましょう。

世の中の離婚率が仮に33％（3分の1）だとして、自分の周りは60％（5分の3）の人が離婚している。これが事象として起こっていることです。サンプルは5人。し

かも自分の周りにいる人だけです。統計学的には十分にあり得ることなのか、それとも自分の周りに結婚に向かない人が集まっているのか……。

ここで、先ほどと同様の計算をしてみると、5つのサンプルで3組が離婚する確率は21%もあることがわかります。つまり21%の確率で、こうした事象が起こるのです。偏差値にすると58ぐらい。偏差値70以上が「統計学的に起こる確率が低い事象」と考えると、自分の周りで5組中3組が離婚したという事象は、統計学的に起こり得る範囲内と言えます。

つまり、問いの答えは「サンプルが少ないため極端な数字が出ただけで、決して自分の周りで何か特別な事象が起こっているわけではない」ということになります。

ただし、もしもサンプル数が30あり、そのうち18組が離婚していたとなると、ちょっと話は違ってきます。

離婚率は、5組中3組が離婚するケースと同じ60%です。仮に世の中の離婚率が3分の1だとしたら、サンプル30組のうち、離婚するカップルは10組ぐらいになりそうです。それが18組もいるとは……。いったい、この事象が起こる確率は何%ぐらいでしょうか?

これも計算してみると、0・25%ぐらいとなります。偏差値で言えば78です。統計学的には、なかなか起こらない事象です。信頼区間95%のはるか外側で起こっている事象です。

こうなると、「急激に離婚率が高まっている」という話は、にわかに信憑性を増してきます。

私が前項で「最低でも30サンプル欲しい」というのは、このような計算から導き出されたものなのです。

さて、本書の中でもこのあたりはちょっとややこしい箇所で、わかりにくいと思われた方も多いと思います。その場合、「5つや10のサンプルで全体を語るのはちょっと飛躍が過ぎるな」「最低でも30サンプルくらい必要だ」ということをご理解いただければ、十分だと思います。

▼そもそも「離婚率」は意味がある数字なのか?

以下は、今回のテーマである「離婚率」についての余談です。

多くの人は「離婚率」と聞くと、結婚した人のうち、どのくらいの人が離婚するかを示す数値だと考えると思います。

具体的には「その年に結婚した人の数」と、「その年に離婚した人の数」の割合を、その年の離婚率と考える人が多いようです。

しかし、そう考えると、ちょっとおかしなことになります。結婚した年に離婚する人はむしろレアケースで、大半の人はそれ以前に結婚しており、中には30年、40年経ってから「熟年離婚」に至る夫婦もいるわけです。

つまり、この計算方法だと「過去に結婚して、今年離婚した人」と「今年結婚した人」の数を比べていることになり、本来的には意味のある比較になり得ないのです。

もし仮に、「今年結婚するとお金がもらえる」などの政策が打ち出され、結婚する人が大幅に増えたとしたら、一時的に離婚率は減少するでしょう。しかし、その年に結婚した人たちがその後離婚するかどうかは、この年の離婚率とはまったく別問題です。

おそらく、本当に「○組のうち○組が離婚している」という意味での離婚率を知りたければ、ある年に結婚した夫婦が50年後、60年後にも夫婦関係が持続しているかどうかを追跡調査するということになるのでしょう。

ちなみに厚生労働省では、「1000人当たりの離婚件数」を離婚率としていて、令和元年の数値は1・7となっています。

4-3 データのウソに騙されないために

Q 新しい感染症が急拡大する中、感染の有無を判定する新たな検査手法が開発された。その正答率は90％だという。当面はこのくらいの精度でも十分に有用だと思われたが、有識者の出した結論は「まったく使えない」。正答率9割の検査手法がなぜ使えないのか、理由がわかりますか？

▼正答率9割なのに使えないのはなぜ？

２０２０年に世界を襲った新型コロナウイルスの脅威の中、ＰＣＲ検査などを巡るこうした報道が数多く繰り返されました。「何を信じていいのかわからない」という思いを抱いた人も多かったことでしょう。

この問いは架空の例ですが、「正答率9割」という数字だけ見れば、当面は十分に使える手法なのではないかと思った方も多いと思います。では、なぜ「まったく使えない」とされてしまったのでしょうか。いくつか答えは考えられそうですが、ここではそのうちの一つを紹介したいと思います。

まず、考えるべきは、「正答率とは何か」ということです。つまり、検査結果が「正しい」と判断されたのはどのようなケースだったのか。

これには二つのケースがあります。一つは「陰性だった人が陰性と判定された」、もう一つは「陽性だった人が陽性と判定された」ケースです。

一方、「陰性だった人が陽性と判定された」、「陽性だった人が陰性と判定された」場合が不正解となります。

図にすると、次ページのようになります。こうした図を「混同行列」と呼びます。

ここで、極端な事例を考えてみましょう。

100人中1人だけ感染者がいたとします。その人たちに対して「全員陰性です」とい

●Confusion Matrix（混同行列）

	予測 Positive	予測 Negative
結果 Positive	**真陽性：TP True Positive**	偽陰性：FN False Negative
結果 Negative	偽陽性：FP False Positive	**真陰性：TN True Negative**

この2つが「正解」

う判定結果を出したら、どうなるでしょうか。

そう、「正答率99％」になってしまうのです。

言うまでもありませんが、こうした判定テストで一番大事なのは「陽性の人を陽性と判定する」ことです。その意味ではこのテストは「正答率0％」であるにもかかわらず、見方を変えれば「正答率99％」になってしまうのです。

この図の全体のバランスを見ないと、そのテストが本当に信頼できるかどうかが見えてこないということなのです。

▼「偽陽性」がどうしても増えてしまいがちな理由

ちなみにこの話はコロナウイルスはもちろん、医療ＡＩの世界では非常に重要な視点です。

ＡＩによる病気の判定が近年、急速に進んでいるという話は、皆さんも聞いたことがあるかと思います。医師が見逃してしまうような病気の兆候をＡＩが発見してくれる、というものです。

それは素晴らしいことなのですが、もし、ＡＩがその兆候を見逃してしまうと、病気はそのまま進行してしまいます。

それを防ぐためには、「陽性」判定の範囲を広げることになります。するとどうしても、実際には陽性ではないのに陽性だと判定される人、つまり「偽陽性」の人が増えてしまいます。

ＰＣＲ検査が「偽陽性が多すぎる」と問題視されたように、あまり偽陽性が多すぎると、テストとしての信憑性が揺らいでしまいます。

そのバランスをどのように取るべきか……。医療ＡＩに携わる人たちは日夜、その問題に頭を悩ませているのです。

▼データのウソを見抜けるか

医療ＡＩのように厳密な数字の分析が求められる世界がある一方、世の中には少々おかしな調査手法や数字の取り方が行われているケースもあります。

たとえば、何かの食品を食べてもらい、９割の人が「おいしい」と答えたという調査。よほどの偏食家でない限り、出されたものを食べたら、たいていは「まぁ、おいしいかな」と思うのではないでしょうか。

聞き方に問題がある場合もあります。「老後に不安がありますか？」と聞けば、たいていの人は「ある」と答えるでしょう。一方、「老後についてどのような印象がありますか？」とでも聞けば、「不安」という答えの他にも、「悠々自適」「一生現役」など別の答えも出てくるはずです。

本当に良心的なデータなら、どのようにその調査が行われたのかが欄外に細かく書かれているものです。ぜひ、データを見る際はそこまでチェックするようにしてほしいと思います。

第5章

「多変量解析」は、データ社会を生き抜くための必須知識

5-1

売場が広がれば売上も上がる？

――「回帰分析」の話

Q 小売りチェーンのスーパーバイザーを務めるあなた。担当する店舗の売上と面積を表にしたところ、全体の傾向として売場面積が広ければ広いほど売上が上がっているように思われた。そこで「売上増加のために店舗の大型化を図りましょう」と提案したが、「本当に売上と面積が比例していると言えるのか」と反論されてしまった。どう説得すればいいのだろうか。

▼店舗の大型化は本当に正解か？

「売場面積を増やせば売上が上がる」、一見、当たり前のように思えます。しかし、実際には小さくても繁盛している店はたくさんありますし、いくら面積が広くてもそれに比し

● y＝2x＋5

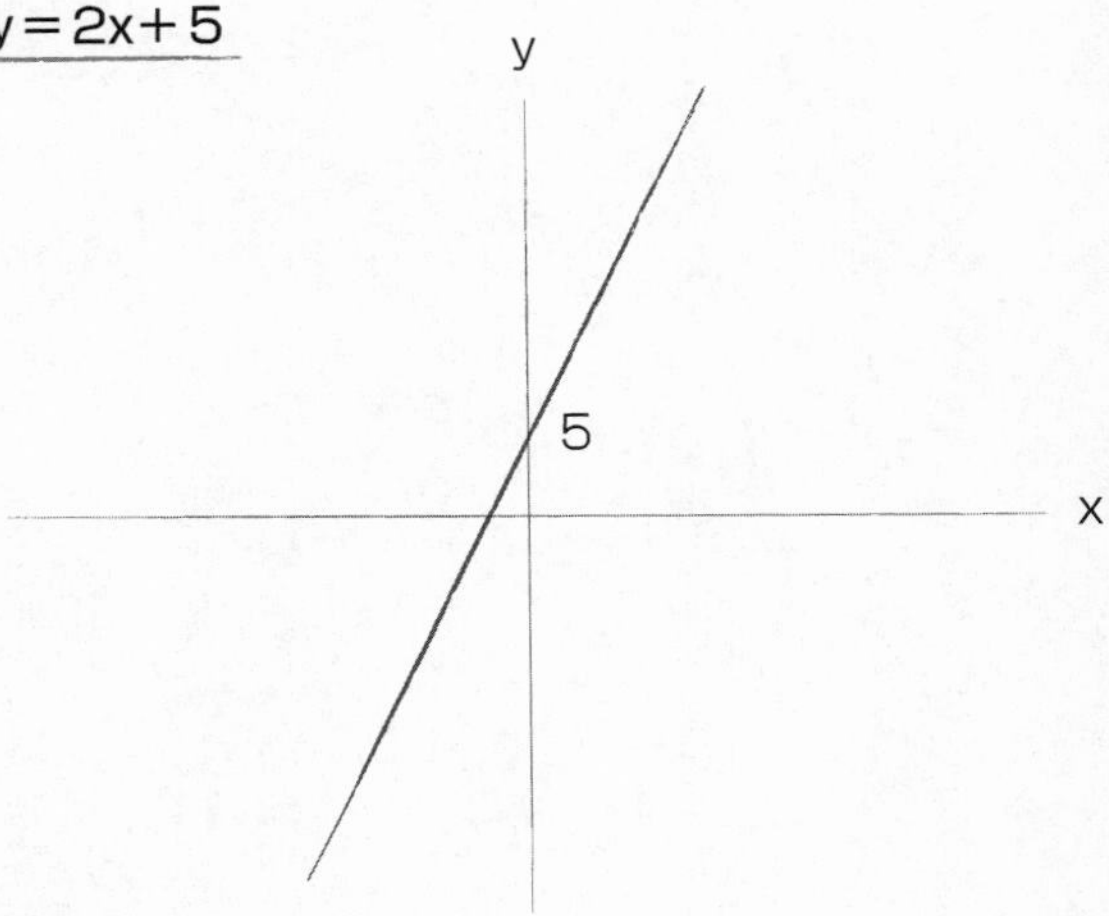

た売上向上が見込めなければ意味がありません。

ここで思い出していただきたいのが、「一次関数」です。

「y＝ax＋b」といった数式で表されるもので、関数というのはつまり、「一つの値が決まると、自動的にもう一つの値が決まる」ものだと考えておけばいいでしょう。

たとえば、

y＝2x＋5

という式ならば、xが2だとyは9になります。

y＝2×2＋5＝9

これをx軸とy軸の二次元グラフにすると、上の図のようになります。

さて、今回の問題である「売場面積が広くなれば売上も上がるのか」を証明したければ、このようにわかりやすく一次関数で表すことができればベストです。たとえば、

y（売上額）＝2x（売場の坪数）＋10

などという法則性があれば、非常にわかりやすいですよね。この場合、売場の坪数が30だったら売上は70万円、坪数が倍の60坪だったら売上は130万円になります。

しかし、言うまでもありませんが、そんな単純な計算が成り立てば苦労はしません。

では、チェーン各店の売上と売場面積の関係が次ページの上の表の通りだとして、「売場が広くなれば売上が上がる」を証明できるか、考えてみることにしましょう。

この数字をプロットしてみたのが、その下の「売場面積と売上の関係」の図です。

これだけ見ると、確かに面積が増えれば売上が上がっているようには見えます。ただし、当然のことながら、きれいな一次関数の式にはなりません。

店	坪数	売上／月(万円)
A	30	85
B	45	95
C	52	190
D	56	155
E	58	168
F	60	180
G	66	182
H	80	250
I	85	220
J	90	382
K	100	290
L	120	368
M	125	340
N	130	370

●売場面積と売上の関係

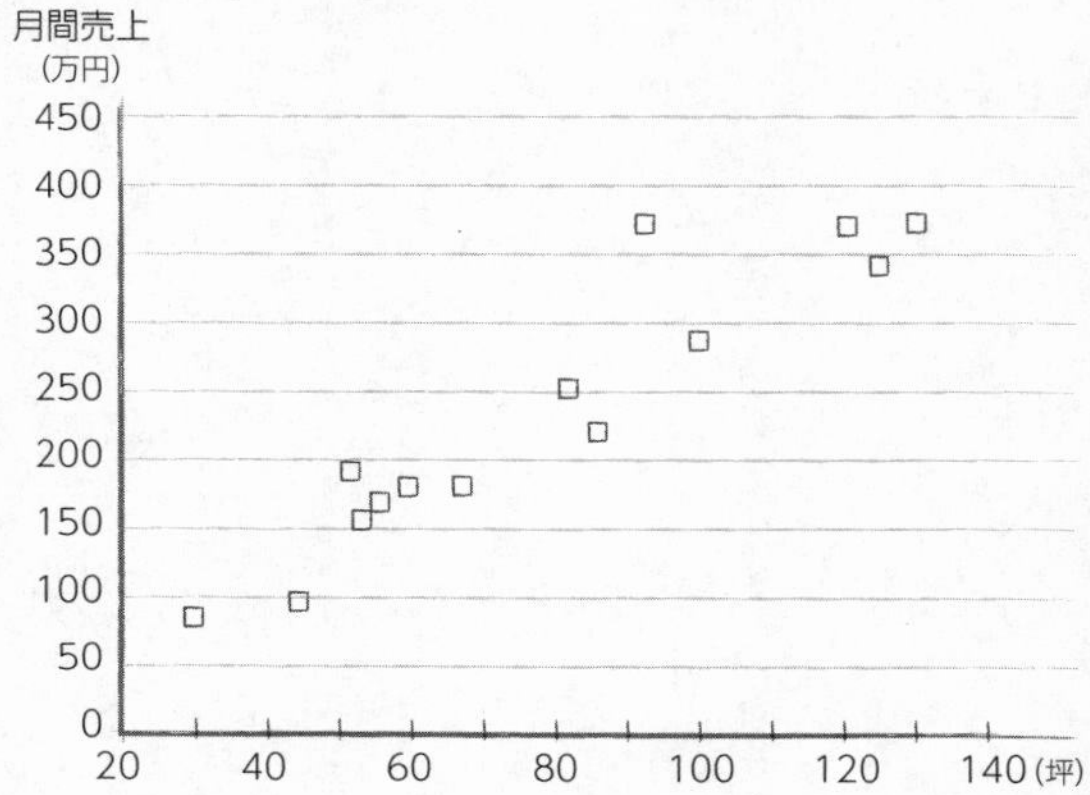

▼「予測値」を出してから、それが正しいかを検証する

ここで役立つのが「回帰式」です。

まずは先ほどの図に一本、線を加えたものをご覧ください。

ここに引かれた線は、分散している各実測値から予測値を導き出したものです。これを「回帰式」と呼び、それによって引かれた線のことを「近似線」と呼びます。

この回帰式は、「最小二乗法」という手法で算出されるのですが、その計算方法はちょっと複雑なので、ここでは省略いたします。

この近似線を見ると、「売場面積が広がるほど売上も上がる」といえそうです。しかし、回帰式及び近似線はあくまで予測値。それが本当に正しいと言えるかどうかはわかりません。

それを知るためには「決定係数」（R^2）というものを算出する必要があります。そして、その数値がある程度高ければ、「この回帰式は信じていいのでは」という結論になるのです。

●「近似線」を引いてみると

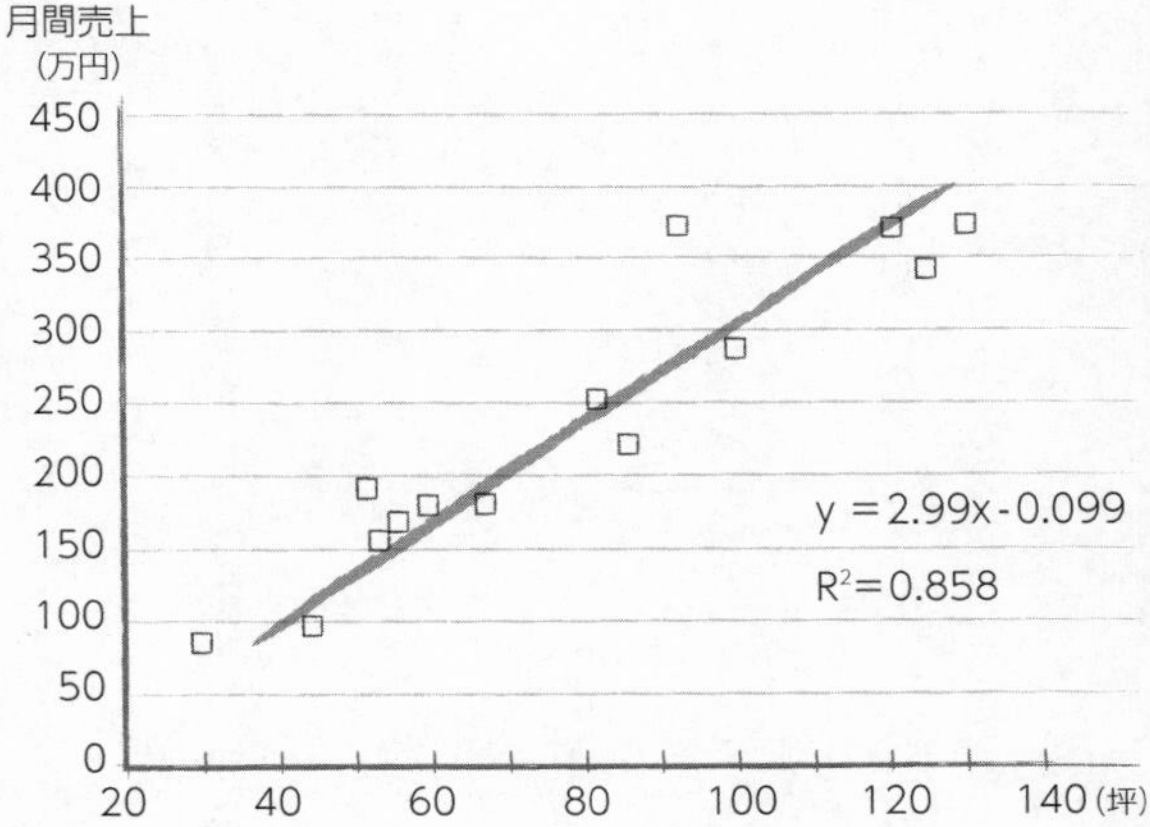

つまり、今回の問いである「売場面積が広がるほど売上も上がるのか」を証明するためには、

①まず、実際の売場面積と売上のデータをもとに「回帰式」を計算する

②その上で、その回帰式の「決定係数」を計算する

③回帰式が売場面積が広くなれば売上も上がるようになっていて、かつ、その決定係数も高ければ、「売場面積が広がるほど売上も上がる」と言える

というステップを踏むわけです。

▼回帰分析はエクセルで一発！

さて、先ほど、回帰式の計算は複雑であるという話をしました。決定係数の計算はそこまで複雑ではありませんが、やっぱり数字に慣れていない人にはなかなかわかりにくいものがあります（具体的には「決定係数（R^2）＝予測値の平方和／実測値の平方和」となります）。

今はとてもありがたいことに、エクセルが一瞬で回帰式の計算も、決定係数の計算もしてくれます。エクセルの「分析ツール」という機能をアドイン（追加）する必要があるのですが、この分析ツールを使って「回帰分析」を選ぶと、一瞬でこの回帰式および決定係数を導き出すことができます。

試しにこの例の売場面積と売上の数字を入れてみると、以下のような答えが算出されました。

回帰式（x＝売場の坪数、y＝売上）

y＝2・99x－0・099

決定係数

R^2＝0・858

ざっくりではありますが、回帰式からは「坪数の約3倍くらいの売上がある」ことがわかります。

そして、その決定係数が0・858、つまり約85%。これだけ決定係数が高ければ「面積が広がれば、売上も上がる」と言っていいのではないかと思います。

面倒ではありますが、ここまでやってやっと「相関がある」と言うことができるのです。このようにしてデータの相関関係を導き出す手法を、「回帰分析」と呼びます。

▼相関が高すぎても怪しい？データサイエンティストの感覚

回帰式自体は、かなりバラツキのあるデータでも出すこと自体は可能です。ただし、その場合、決定係数が著しく低くなります。

一般に決定係数が0・5以上あれば、相関関係が成立するという考え方があります。一方、0・8など非常に高い相関関係が出るケースでは、むしろ計算方法に間違いがないか不安になることもあります。世の中はそんなにシンプルではない、ということですね。データサイエンティストは、こうした感覚を持ちながらデータと向き合っています。

▼「外れ値」があったら大チャンス

さて、本書では「なるべく難しい数字を使わないようにする」と宣言したにもかかわらず、このあたりのお話はそれなりに難しい数字や計算を使ってしまいました。

その代わりといってはなんですが、複雑な計算なしに先ほどのようなデータを活かす方法をお伝えしたいと思います。それが、「外れ値」です。

左ページの図の中のJ店の売上を見てください。回帰式の近似線よりかなり上にあることがわかります。これはつまり、売場面積が小さいわりに、売上が高いということ。1坪当たりの効率が高いともいえます。

こういう店が見つかれば、チャンスです。そこには何かしらの「売上を上げるヒント」が含まれている可能性が高いからです。

たとえば、商品の陳列に工夫があるのかもしれません。フレンドリーな接客で顧客をがっちりつかんでいるのかもしれません。あるいは、毎週配っているチラシに秘密があるのかもしれません。

こうして調査してみた結果、たとえば「平日と土日の客層の違いに合わせて陳列方法を

●「外れ値」を探す

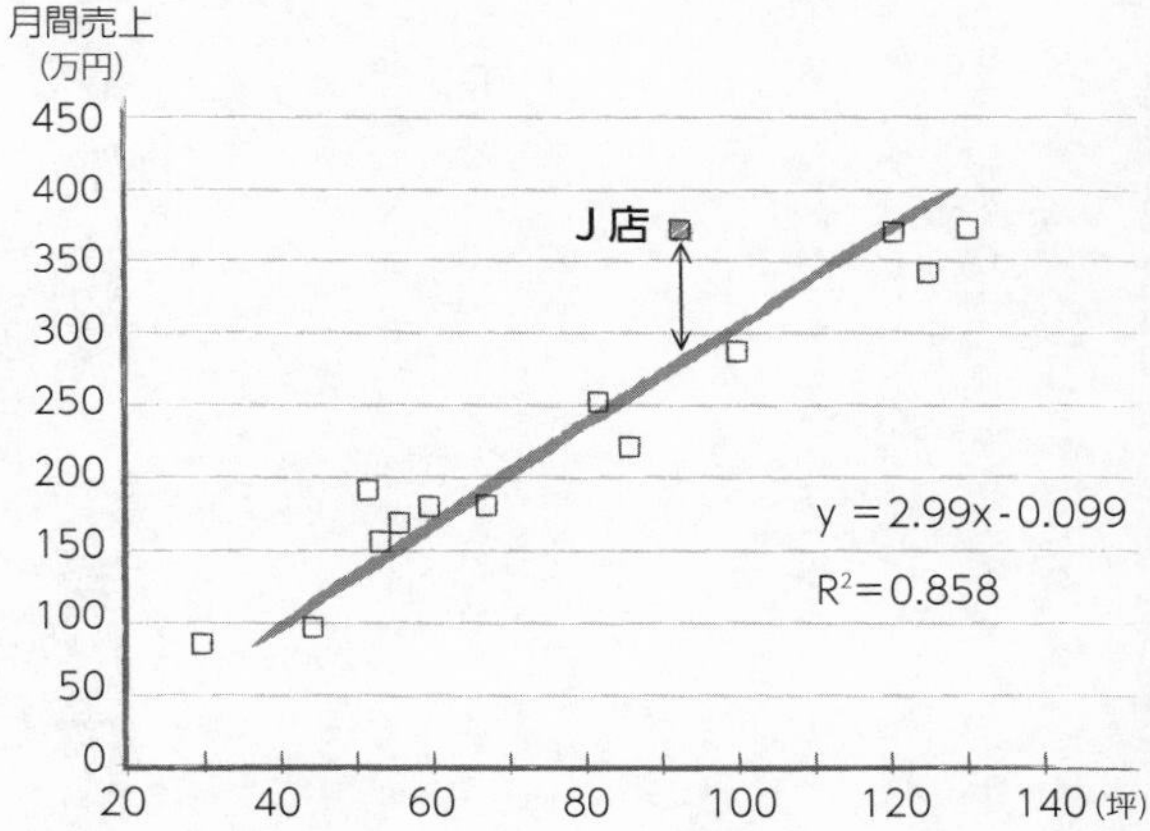

変えており、それが効果を発揮している」ということがわかったのなら、その手法を他の店にも横展開すればいいのです。すると、チェーン全店の売上を底上げすることが可能になるはずです。

これは「ベンチマーク」と呼ばれる分析手法です。成功事例から成功要因(KSF：Key Success Factor)を抽出するという古典的な手法ではありますが、コンサルティング業界ではまだまだよく使われています。

こうした外れ値を探す際に近似線があればわかりやすいですが、なくても明らかな外れ値はすぐに見つかるはず。ぜひ、身の回りのデータの「外れ値」を探してみてください。

5-2 その相関、本当に正しい？ ——PAC思考

Q 最近、若手の離職率が上がっているわが社。部長は「若い世代にやる気がないからだ！」と主張し、やる気のある若手をもっとしっかり選考しろと人事部に圧力をかけている。でも、それって本当に正しいの？

▼主張を「式」に落とし込んでみる

いかにもありそうな話です。その結果、「やっぱり体育会系の人間を採用するべきだ」などという謎の指令が出るようなこともありそうです。

しかし、実際に「明らかにやる気のなさそうな若手」がいるのも事実。さて、この部長の圧力をどうかわせばいいでしょうか。

本書は統計学の本です。そこで、この部長の主張を「計算式」にしてみたいと思います。

部長の主張は、「やる気の大きさで、離職率が決まる」ということ。これはいわば、一次関数です。

やる気を数値化するというのはなかなか難しいことですが、仮になんらかのテストを用いることで1〜10の点数が付けられるとします。1が一番低く、10が一番高い状態です。

それによって離職率が決まるというのは、たとえばこういうことです。

y（離職率）＝100−10x（やる気度）

この式に当てはめると、やる気度が1（最も低い）の場合、

100−10×1（x）＝90

離職率90％

となります。
一方、やる気が10の場合、
100－10×10（x）＝0
離職率0％
となります。
これで、部長の言うところの「やる気がないから離職率が高いんだ」という言葉を数式化することができました。

▼PAC思考で論理の飛躍を見破ろう

さて、これを見て多くの人がこう思ったのではないでしょうか。

「いやいや、離職率ってそんな単純に決まるものではないでしょ？」

その疑問はもっともです。実際には希望していた職種と実際に就いた職種とのミスマッチもあるでしょうし、上司や同僚との人間関係も大きなファクターとなります。転職市場が充実していればいるほど、他社からのお誘いも多いことでしょう。

つまり、この部長の発言のおかしさは、「複数あるはずの要因を、たった一つだと考えてしまっている」ことなのです。

ここでご紹介したいのが、「PAC思考」です。

Premise（前提／事実）
Assumption（仮定条件）
Conclusion（結論／主張）

の三つの言葉の頭文字を取ったもので、論理構築の基本をなす考え方です。前提／事実と結論／主張の間にある「仮定条件」は何かを考え、それが本当に正しいかを判断するのが、このPAC思考のポイントとなります。

先ほどの話を当てはめると、まず、事実は「やる気のない若者が増えている」、そして結論は「だから離職率が上がっている」となります。

その間に存在している「仮定条件」を考えてみると、以下になるでしょう。

●PAC思考

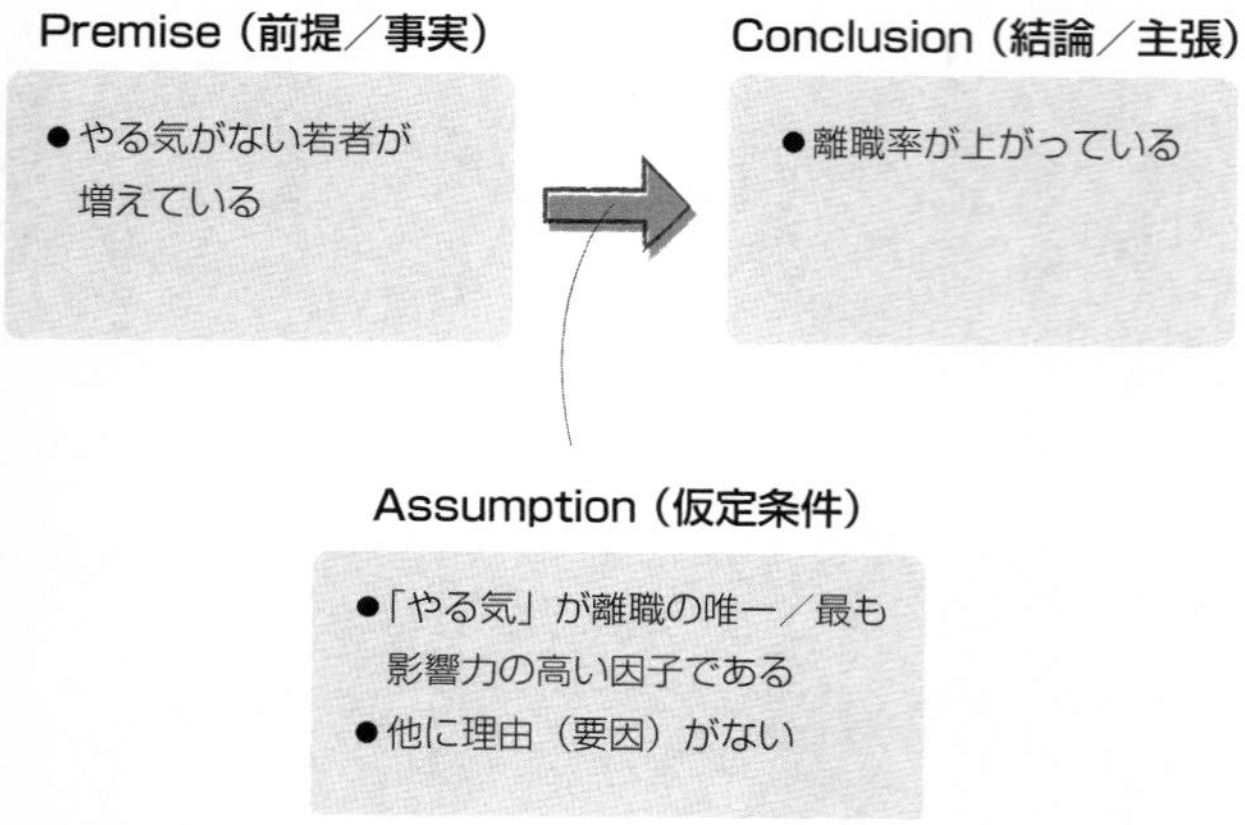

Premise（前提／事実）
●やる気がない若者が増えている
Conclusion（結論／主張）
●離職率が上がっている
Assumption（仮定条件）
●「やる気」が離職の唯一／最も影響力の高い因子である
●他に理由（要因）がない

・やる気のなさは仕事を辞める唯一の、あるいは最大の理由である

・若者が会社を辞める理由は他にあり得ない

こうして、事実と結論の間にある仮定条件を挙げてみると、論理が成り立っているかどうかがはっきりと見えてくるのです。

実際、この世界にはたった一つの要因で結論を出そうという話が溢れています。「この薬を飲むとやせる」「この食べ物を食べれば長生きできる」……などなど。これらはすべて「y＝ax＋b」という一次関数に無理やり当てはめているだけと言えるでしょう。

ちょっとでも論理があやしいなという話があれば、この「PAC思考」のフレームで考えてみることをお勧めいたします。

さて、ひょっとすると読者の方の中には、「確かにやる気だけで離職率が決まるとは思えないが、他に考えられる要因をすべて導き出すことができれば、離職率を導き出す式ができるのでは？」と考えられた方もいるかもしれません。

実はこれ、非常に重要な視点です。なぜなら、その発想こそが、現在の世界を読み解くカギだからです。

詳しくは、次項にてご説明しましょう。

5-3 「多変量解析」でAI時代の扉が開く

Q　ワイン好きの私。同じ産地でも年によって味が違ったり、意外な高値がついたりすることがワインの醍醐味だ。しかし、統計学を専攻する友人は「日照時間や気温で価格が計算できるモデルが作れるはず」という。そんな味気ない話、あまり信じたくないのだが、本当に可能なのだろうか。

▼ワインの価格は「たった4つ」の要素で決まる!?

答えは「できる」です。というより、実はこの問い自体、実際にあった話をモデルにしています。

ワインの、特に赤ワインの味や価格が、産地やブドウの品種はもちろん、天候や貯蔵年数によって変わってくることは、古くから知られていた話でした。他にも、その年の他の地域のワインの出来・不出来、世間の景気や株価、あるいは専門家によるテイスティングレポートや点数評価など、さまざまな要素がワインの価格を決めると考えられていました。

そんな中、『Journal of Wine Economics, Volume 7』（2012年）に発表されたレポートが話題を呼びました。このレポートによると、ワインの価格は次のような数式で表せるというのです。

・ボルドーワインの価格（ロンドンオークションでの価格）
＝0・0238×年数
＋0・616×ぶどう生育期（4月〜9月）の平均気温
－0・00386×8月の降雨量
＋0・001173×ぶどう生育前期（10月〜3月）の降雨量

これが意味するところは、経過年数（ビンテージ）、生育期の平均気温、収穫期の降雨量、生育前期の降雨量の4つのファクターでワインの価格が決まるということ。

つまり、あんなに複雑だと思われていたワインの価格が、たった4つの変数で決まってしまう、ということが明らかになったのです。

ちなみにこのモデルの「決定係数」は0・828、つまり約83％の確率で当てることができるということ。この数字の高さも評判を呼びました。

▼複数の要因を踏まえて考えるのが「多変量解析」

このモデルをもう少し詳しく解説しましょう。

まず、「0・0238×年数」というのは、「ワインを1年寝かすと2・4％価格が上がる」という意味になります。ワインは寝かせれば寝かせるほど価格が上昇するというのは常識でしたが、その上昇率が「1年で2・4％」だということが割り出されたのです。

次の「0・616×ぶどう生育期（4月〜9月）の平均気温」は、ぶどうの成長期に当たる4月から9月の平均気温が価格に影響するということで、具体的には0・1℃上がると6・2％価格が上がることになります。

続く「0・00386×8月の降雨量」ですが、ここだけマイナスになっていることからもわかるように、8月の降雨量が増えることは、価格の下落要因となります。具体的には1ミリ増えると、0・4％価格が下がるという計算です。

一方、ぶどうの生育前期である10月から3月に関しては、むしろ降雨はプラスに働きます。「0・00117 3×ぶどう生育前期（10月〜3月）の降雨量」とあるように、降雨量が1ミリ増えると、0・1％価格が上がるとされています。

ちなみに、年数や気温といった独立した数値のことを「独立変数」、独立変数によって変化する値のことを「従属変数」と呼びます。ここではワイン価格が従属変数となります。影響を与える側が独立変数、影響される側が従属変数、と考えればいいでしょう。

このように、一つの要因だけではなく複数の要因からある結果を導き出す手法のことを「多変量解析」といいます。

先ほど、一つの要因ともう一つの要因の相関を見るための手法である「回帰式」および「回帰分析」についてご説明しました。それが、「y＝ax＋b」といった一次関数で表すことができるのに対し、要因が複数になる多変量解析は、

$$y = ax_1 + bx_2 + cx_3 + dx_4 + ex_5 \cdots\cdots$$

という式で表されることになります。この際に用いられる回帰分析のことを「重回帰分析」と呼びます。

▼多変量解析でできること

実は、ここ数年来のバズワードともいうべき「ビッグデータ分析」や、「データサイエンティスト」がやっていることは、この「多変量解析」をベースにしていることが多いのです。

ＩＴ化、デジタル化が進んだことで、多種多様なデータが手に入るようになりました。中でも大きいのがモバイルで、個人の閲覧データや購買データだけでなく、いまや行動データすら得られるようになっています。

こうしたデータを使うことで、さまざまな分析を行うことができるようになりました。たとえば予測。店舗やＥＣでの売上予測、新製品の売上予測、最適在庫量の計算、値引きによる販売増予測などが、今までにない精度で可能になりつつあります。

また、顧客の満足度とその因子の関係を明らかにして、最も効果的な打ち手を探す。データサンプルをいくつかのグループに分類し、全体の傾向をつかむ。従業員へのアンケートをもとに、社員満足度を上げるために最も優先的に取り組むべきことを見つけるといったことも可能になっています。

その基本となるのが、「多変量解析」なのです。

▼データサイエンティストの仕事は意外と地味？

たとえば、あるスーパーの売上高を予測するにあたり、その要因となるのが主に「近隣の交通量」「広告投下量」「特売日の数」「降雨量」で決まるとしたら、

y（スーパーの売上高）＝a×近隣の交通量＋b×広告投下量＋c×特売日の数－d×降雨量

などといった式を組むことができます。

問題になるのは、それぞれの「係数」（式のa〜d）です。たとえばワインの例では「0・0238×年数」（1年寝かすと2・4％価格が上がる）などの係数が設定されていました。

結果に大きな影響を与えるものほど係数も大きくなり、影響が少ないものは小さくなります。広告投下量を1増やすことの効果と、特売日を1日増やすことの効果はどのくらい差があるのかといったデータを参照しながら、係数を決めていきます。

どの変数に、どれぐらいの係数をかけ合わせたらいいのか。多変量解析の専用ソフトを使いながら、データサイエンティストは係数の精緻化を繰り返します。これを実用レベルにまで持っていくには、大変な時間と手間がかかります。

世の中で大いにもてはやされているデータサイエンティストですが、実際の仕事はこのように地味なものだというのが現実です。

▼「内定辞退率をAIで」は何が問題だったのか

さらに、AIがこうした作業を自動的に行うことで、分析できる世界がより広がっています。正確には、AIにおいては多変量解析だけでなく「ニューラルネットワーク」という手法が使われるのですが、ベースになるのはやはり多変量解析です。

もっとも、それによって世の中すべてがいい方向に進むかどうかは、また別の問題です。

先ほど、「やる気だけで離職率が決まるとは思えないが、他に考えられる要因をすべて導き出すことができれば、離職率を導き出す式ができるのでは?」という話をしました。

実は、似たような事例があります。以前、話題になった「内定辞退率をＡＩが予測する」というものです。

就職情報サイトを運営する会社が、学生の属性や行動履歴をＡＩで分析し、内定辞退の予測値を算出。そのデータを企業側に提供していたというものです。

詳細は不明ですが、おそらくは出身大学や成績、どんなページを見ていたかといった閲覧履歴など、比較的シンプルな変数を使った予測モデルだったと推測されます。これは先ほど、ワインの価格を4つの変数で予測したものと、理屈はまったく一緒です。

この件は、「学生の個人情報を本人の許可なくサービスに利用していた」ということで、大問題になりました。しかし、私はもっと別の根本的な問題があると考えています。

そもそもこの数値が求められた背景には、内定を出したはいいが辞退者が続出し、企業の人事担当者が困り果てていた、ということがあるはずです。

採用の本来の目的は、「将来的に会社に貢献してくれる優秀な人材を確保すること」です。しかし、その人材が会社に貢献してくれたかどうかがわかるのはだいぶ先の話。人事担当者としては「そもそも、予定していた人数を確保できるか」「内定を出したのに辞退する人が出ないか」が気になるのは当然です。

では、「この学生はきっと将来会社に貢献してくれる」と判断し内定を出そうとしたところ、ＡＩが出したその人の内定辞退率が高かったとしたら、人事担当者はどうするでしょうか。「内定を出しても辞退されてしまうくらいなら、少し劣るが内定を辞退しないであろう人を取ったほうがいい」……そんな判断をしても無理はないと思うのです。しかし、それは採用の本来の目的からすると、正しい判断とはいえません。

実際にそのような使われ方をしたかどうかはわかりませんが、使い方次第で数値というのは逆効果にもなり得る。そのこともぜひ、覚えておいてほしいと思います。

今後ＡＩは生活のあらゆる分野に進出してくることは確実です。そんな時代と付き合っていくために、「多変量解析」の知識は不可欠だといえるでしょう。

終章

「統計学的に考える」ということ

▼転職の「期待値」を出してみる

ここまで、仕事や生活に役立つ統計学の話をしてまいりました。なるべく数字や数式を使わないようにしたつもりですが、それでも、かなり出てきたと思います。

もちろん、こうした数字や数式を覚えてもらうに越したことはありません。しかし、私がそれ以上に伝えたいことがあります。それは、「統計学的に考える習慣を身につける」ことの大切さです。

たとえば、あなたがある日ネットで「年収1000万円も可能!」という広告を見て、転職を真剣に考え始めたとします。

しかし、転職市場で成功できるかどうかなど、やってみなければわかりません。いったい、どのように判断すればいいのでしょう。

こんなときは、シナリオ・プランニングの手法を用いて「期待値」を出してみてはどうでしょうか。

確かに自分の職種の求人ニーズは高いようだ。しかし、さすがに「年収1000万円」の転職先が見つかるかとなると、確率はそう高くないだろう。せいぜい10%といったところか。だが、現在の年収600万円より上がる確率、たとえば800万円くらいになる確率は30%はありそうだ。

普通に考えれば、今と給与が変わらないくらいの転職先が多いように感じる。そこで、今と変わらない確率を50%と置く。一方で、400万円くらいに下がってしまうリスクも踏まえ、10%という数字を置いてみる。

これらの期待値を計算してみると、以下になります。

1000万円×10%=100万円
800万円×30%=240万円
600万円×50%=300万円
400万円×10%=40万円
期待値　680万円

期待値は一応、現在の年収を越えました。この数字をベースにすれば、自分のチャレンジが無謀なものなのかどうかが、ある程度見えてくるのではないでしょうか。

しかし、多くの人は「年収１０００万円」という数字だけに惑わされ、つい無謀なチャレンジに出てしまいがちです。あるいは、自分の市場価値を正確に測りかね、身動きが取れなくなってしまいます。仮でもいいので数値化することは、行動を起こす際のベースとなるのです。

▼「MECE」で社内の問題解決を

社内で起こる問題について、それがたった一つの要因で発生しているようなことはまずない。そのことは「多変量解析」のところでお話しした通りです。

この視点があれば、社内での問題解決の幅も広がるはずです。

たとえば、若手の離職率が高まっているのならば、一つの要因だけでなく考えられる要因を出せるだけ出してみる。次に、どの要因がどのくらい影響があるかを考えてみる。いわば「係数」を出すわけです。そして、係数が高いものから解決を図っていくのです。

その際に大事なのが、「ＭＥＣＥ」（ミーシー）です。思考術の本などをよく読まれる方はご存じかと思いますが、「Mutually Exclusive and Collectively Exhaustive」の頭文字を取った語で、「もれなく、ダブりなく」と訳されます。ロジカルシンキングの基本とされるもので、たとえば何かの問題を分析する際、「MECE」によって切り分けることが求められます。

統計学的に考えることとロジカルに考えることとは、非常に親和性が高いのです。

▼統計学がわかれば、未来が見えてくる?

「統計学的に考える」ことで、今後、どんな未来がやってくるかを予想することも可能です。

たとえば、昨今の若者は気軽にマッチングアプリを使っています。それに眉をひそめる人も多いことでしょう。

しかし、統計学的に考えると、マッチングアプリで出会った人同士のほうが人間関係がうまくいく可能性が高いのです。

かつては出会いの機会は同じ学校や職場にいる人や、あるいは合コンなどで知り合った人に限られ、サンプル数としてはせいぜい数十人といったところでしょう。その限られたサンプルの中から、自分にマッチする相手を探さねばならなかったわけです。

一方、マッチングアプリの登録者は数十万人から数百万人にも及びます。趣味や性格などから自分に合うと思われる相手を選別もしてくれます。本当に自分に合った人と出会える確率は、マッチングアプリのほうが格段に上ではないでしょうか。

すると、婚活なども含め、「身近な人の中から相手を見つけるほうがリスクが高い」というのが常識になる時代が来るかもしれません。

テクノロジーの進化によって、人間関係も社会のあり方も変わっていくべきです。昔のやり方が正しいとかたくなに信じ込むことは、スマホがある時代に飛脚を使って伝言をやりとりしたほうがいいと考えるようなものです。

▼画面越しでないと人と話せない時代が来る？

コミュニケーションのスタイル自体も変わってきそうです。

たとえば、オンラインでの対話時に、相手の感情をＡＩが分析するという研究が進んでいます。すると、相手がちょっと気分を害した瞬間をとらえて話題を変えたり、興味を持った話題をさらに深掘りしたりといった判断ができるようになるかもしれません。

それだけでなく、自分の発言を相手が受け取りやすいように自動的に変換して伝える、そんなＡＩが将来、使われる日が来るかもしれません。

実際に、ＡＩが文章チェックを行い、より円滑なコミュニケーションが図れるような表現を自動的にレコメンドしてくれる機能は、すでに実現しつつあります。

これが進むと、「直接対話をするのが怖くなる（相手の感情がわからないから）」という世の中になるかもしれません。

▼新しい世界に適応できるかは「統計学」で決まる、かもしれない

生活のあらゆる場面を「数字で管理される」という時代は、確実にやってくると思います。

たとえば、今、全世界的にカーボンニュートラルが求められています。これを意識しない企業は批判にさらされ、すでに株価に負の影響が出ているともいわれます。

その流れがいずれ、個人にも及ぶ可能性は十二分にあると考えるべきでしょう。

たとえば、牛肉を食べるよりも大豆ミートを食べるほうが環境への負荷が少ないとされ

ていますが、それが数値化され、牛肉を食べるたびにCO_2値がカウントされていく。あるいは、環境負荷の少ない電車ではなく自動車で移動した場合、やはりその分のCO_2値がカウントされていく。個人の行動履歴や購買履歴が取れる現在なら十分可能なことです。これはまさに、社会問題の@変換と言えるでしょう。

そして、その数値が高い人は余計に税金を取られたり、自動車の使用に制限がかけられたりすることも、あり得ない話ではありません。個人別の「サステナブル偏差値」みたいな数値で評価されるのです。そのデータが公開されると、個人の信用にすらつながってきます。中国の「信用スコア」のCO_2版のようなものです。

実際、これ以上の環境負荷を避けるためには、いずれ企業だけでなく個人にもある程度の縛りがかけられることは確実でしょう。この話は決して非現実的なものではありません。

データ活用、AI活用は、今後ますます進んでいきます。

このような時代の変化を拒絶するか、面白がって受け入れるかの違いは、結局、「その仕組みを知っているかどうか」によるのではないでしょうか。マッチングアプリもAIレコメンドも、結局は「多変量解析」の世界です。クラウド上で何か怪しい儀式が行われているわけではないのです。

データを使って考える仕組みこそが統計学です。統計学は、理不尽で不確実なモヤモヤした世界をクリアにしていく、素晴らしい道具なのです。

本書の内容・事例、図表の一部には、同著者の『数字で話せ』（PHP研究所）、『仕事に役立つ統計学の教え』（日経BP社）からの引用が含まれます。

図版作成：齋藤 稔（株式会社ジーラム）
執筆協力：スタジオ・チャックモール

PHP
Business Shinsho

斎藤広達（さいとう・こうたつ）

シカゴ大学経営大学院卒業。ボストン・コンサルティング・グループ、ローランド・ベルガー、シティバンク、メディア系ベンチャー企業経営者などを経て、経営コンサルタントとして独立。

数々の企業買収や事業再生に関わり、社長として陣頭指揮を行い企業を再建。その後、上場企業の執行役員に就任し、ＥＣ促進やＡＩ導入でデジタル化を推進した。現在は、ＡＩ開発、デジタルマーケティング、モバイル活用など、デジタルトランスフォーメーションに関わるコンサルティングに従事している。

主な著作に、『数字で話せ』（ＰＨＰ研究所）、『「計算力」を鍛える』（ＰＨＰビジネス新書）、『入社10年分の思考スキルが3時間で学べる』『仕事に役立つ統計学の教え』『ビジネスプロフェッショナルの教科書』（以上、日経ＢＰ社）など。

PHPビジネス新書 439

超文系人間のための
統計学トレーニング
「数字を読む力」が身につく25問

2022年３月29日　第１版第１刷発行
2022年６月16日　第１版第２刷発行

著　者　斎藤広達
発行者　永田貴之
発行所　株式会社ＰＨＰ研究所
東京本部　〒135-8137　江東区豊洲5-6-52
第二制作部　☎03-3520-9619（編集）
普及部　☎03-3520-9630（販売）
京都本部　〒601-8411　京都市南区西九条北ノ内町11
PHP INTERFACE　https://www.php.co.jp/
装　幀　齋藤 稔（株式会社ジーラム）
組　版　有限会社エヴリ・シンク
印刷所
製本所　大日本印刷株式会社

ISBN978-4-569-85187-7

「ＰＨＰビジネス新書」発刊にあたって

わからないことがあったら「インターネット」で何でも一発で調べられる時代。本という形でビジネスの知識を提供することに何の意味があるのか……その一つの答えとして「**血の通った実務書**」というコンセプトを提案させていただくのが本シリーズです。

経営知識やスキルといった、誰が語っても同じに思えるものでも、ビジネス界の第一線で活躍する人の語る言葉には、独特の迫力があります。そんな、「**現場を知る人が本音で語る**」知識を、ビジネスのあらゆる分野においてご提供していきたいと思っております。

本シリーズのシンボルマークは、理屈よりも実用性を重んじた古代ローマ人のイメージです。彼らが残した知識のように、本書の内容が永きにわたって皆様のビジネスのお役に立ち続けることを願っております。

二〇〇六年四月

ＰＨＰ研究所

PHP研究所の本

数字で話せ

文系人間がAI時代を生き抜くための「伝える技術」

斎藤広達 著

会話に「数字」を盛り込むだけで、説得力は倍になる！「数字が苦手な人」でも今すぐ使いこなせるインプット&アウトプットの手法。

定価 本体一、五〇〇円（税別）

PHPビジネス新書

決算書ナゾトキトレーニング

7つのストーリーで学ぶファイナンス入門

村上茂久　著

決算書の裏に隠された企業の戦略や真の狙いに、あなたは気づけるか？　対話で決算書からビジネスモデルを解き明かす「7つの物語」

定価　本体九〇〇円（税別）

PHPビジネス新書

戦略的思考トレーニング

目標実現力が飛躍的にアップする37問

三坂　健　著

戦略的思考とは、「確実に目標を達成するために、努力に依存しないシナリオを描く」こと。その力を楽しく鍛えられるトレーニング本。

定価　本体八七〇円（税別）

PHPビジネス新書

メタ思考トレーニング

発想力が飛躍的にアップする34問

細谷 功 著

ベストセラー『地頭力を鍛える』の著者が独自に開発した思考トレーニング問題を、厳選して紹介。楽しく解くだけで、頭がよくなる一冊。

定価 本体八七〇円（税別）